你的溝通必須更有心機

諮商心理師
陳雪如（Ashley）著

目錄

心機一

建立關係，獲得人際間潛在機會

C O N T E N T S

心機二

減少溝通中的不確定性，避免損失

C O N T E N T S

心機三 善用心理戰略才能讓人真正付諸行動

心機一

建立關係，獲得人際間潛在機會

掃描 QR Code
聆聽本章內容

留下絕佳第一印象的科學方法

「等下我有一場很重要的合作會談。」我在心裡滴咕著，不禁加快腳步，趕著回家換衣服。希望穿得正式一點，讓自己看起來形象更正面、更專業，可以增進說服力。畢竟這場會談對我來說很重要，我希望透過這場會談，對方對我可產生信任關係，願意跟我進一步合作。

讀了這麼多心理學理論，我知道第一印象在初次見面中，扮演建立關係與否的重要因素。「但除了穿著打扮，跟談吐應對之外，我還可以做些什麼，讓人留下好的第一印象？」我喃喃自語，思緒隨著加快的腳步，活躍起來。

我想起上次與我見面諮詢的講師小A，小A在網路上小有名氣，臉書粉絲上萬，文章動輒數百讚。可問題是，他每次舉辦實體收費的課程，來參加的人卻只有小貓兩三隻。他很想知道問題出在哪裡。於是我們約在一家咖啡廳見面。

「嗨～請問你是小A嗎？」我懷疑地盯著眼前這位瘦小的男子。

「是……是的。」小A頭低低的、用蚊子般的聲音回答我。他的雙手緊張地搓揉。我開始與他對話變得小心翼翼，他給我的感覺好脆弱，我生怕我的大嗓門會嚇壞了他。

就這短短不到五秒鐘的互動，我立馬知道問題出在哪裡。「形象」。他給人的形象太過沒氣場，他的肢體語言毫無專業感與權威感、也沒親切感，只給人沒自信的感受，難以說服人群買下他的課程。

哈佛大學的心理學家安貝迪與羅森塔爾曾做過一個實驗，想了解人們對於「瞬間判斷」影響力有多深。實驗結果發現，面對一個不認識的人，在還沒聽到對方說話以前，我們就已經認定自己是否會喜歡、信任、欣賞對方。**換句話說，若對方在跟你見面的幾秒內，沒對你產生好感，你就算跟他談了三天三夜，企圖說服他信任你，仍舊只會失敗。第一印象在整場互動中扮演關鍵角色！**

專注在非口語的表現

「有沒有科學的方法來佐證，跟陌生人見面的前幾秒，到底該如何互動，可以讓對方留下良好的第一印象，讓陌生人成為熟人，熟人成為朋友，潛在客戶成為客戶呢？」專門研究人際溝通與人際智商的學者凡妮莎．范．愛德華茲企圖解答這個問題。於是，她研究網路上不同講者在TED演講被觀看的次數，畢竟這是一個資訊大爆炸的時代，網路上的影片若在前幾秒無法引發觀看者興趣，就會被滑掉。凡妮莎團隊的系統工程師，分析了數百小時的TED演說，企圖了解觀看次數最少與最多的影片之間有何差異。他們計算講者的手勢、語調變化、微笑及肢體動作，發現受歡迎的講者，其實有一套固定模式讓人喜歡上他：

「第一印象的力量不在口語內容，而該專注於非口語的展現！」

秘訣一 手勢

第一次見到某人時，你會最先看對方哪個身體部位？

A眼睛
B嘴巴
C長腿
D雙手
E胸部
F屁股

大部分人會選「A眼睛」。約有百分之五十的人，第一眼會看對方的眼睛，其次是看微笑。一百個人裡面，只有不到四人會看對方的「雙手」。

可見，我們的意識覺得雙手不是萬能的。**但我們的潛意識卻覺得雙手是關鍵！**這是演化在我們身上留下的痕跡。在遠古時代，穴居的祖先看到陌生人時，第一眼一定看對方手上是否拿著攻擊的長矛或石頭，分辨對方是否來者不善。這也是為什麼，警察看到嫌疑犯時，第一句話喊的是：「舉起你的雙手！」。

記得前面系統工程師企圖分析TED講者如何利用某種特定機制，瞬間與聽眾建立信任關係嗎？系統工程師們分析上百部影片後，發現較冷門的講者，平均使用約二七二個手勢；中等熱門程度的講者，平均使用四六五個手勢；超熱門講者則平均使用超過六百多個手勢！

利用手勢獲取潛在機會的方式，不只能用於演講中，同樣能運用於面試中！根據研究發現，在面試中使用較多手勢的面試者，錄取機率也比較高！

善用手勢，能夠向別人展現我們的意圖、同時讓人確認我們不具威脅，對方隨之放鬆、對我們展現友好態度。

看到這裡真是讓人鬆一口氣！如果我們本身沒這麼多預算買昂貴的衣著打扮自己、也沒時間先去上完激勵課程增進自信再來與人協商，我們只要學著，不在走路的時候把手插口袋、背在身後、不用包包把手擋住、不在談話過程中把手藏在桌下……，簡單來說，我們只要讓人多看見自己的雙手，就能有效建立良好的第一印象！

秘訣二　握手與互惠原則

在讓對方看見你的雙手後，接下來你要做的是，主動與對方握手。或許你會說：「蛤～我覺得握手很尷尬，我會很不自在，可以省略嗎？改用口頭打招呼或交換名片？」我會建議你，快去找朋友練習怎麼握手吧！等你知道握個手能帶來多少好處之後，你會感激現在勇敢練習的自己。這也是為什麼所有教人打造專業形象的課程，第一步一定都是教導學員如何透過握手，獲取潛在機會。

為什麼握手如此重要？因為透過握手，肌膚接觸，會使身體分泌「催產素」。根據神經經濟學家保羅．扎克的發現，催產素是人際連結的賀爾蒙，會使人產生「信任」的力量，建立更為深層的連結。

另外，根據心理學的「互惠原理」，當人對我們好的時候，人的天性「吃人一斤，至少也要還人四兩」，當受人恩惠，應當禮尚往來地回報。這就是為什麼逢年過節大家要互相送禮的原因。「互惠原理」不只彰顯於物質上的交換，心理上的運作也同樣如此。當我們主動與對方握手，釋放出善意的訊息時，對方也會想回報，對我們示好，感激我們給予的信任跟善意，同時做出討好的行為，展現自己也同樣願意釋放善意。**把握這個心理天性的運作，在此時提出要求，被接受的機率會大增！**

如何握手握到人的心坎裡？把握「垂直與有力」兩大原則。首先，你的手要保持垂直，拇指朝上。千萬不要像邀請人跳舞、或要吻人手一般，手掌向上等待對方把手放上來，這給人一種示弱或臣服的感受。也不要手掌向下，迫使對方手掌向上，這給人控制、強勢的負面觀感。

在握手時，力道拿捏也很重要，如果握得很輕，會讓人覺得你很沒自信，但若握太大力，可能弄痛對方。最好的力道是想像在按壓水蜜桃的力道——緊握對方的手，一旦感覺到對方的肌肉開始緊繃，就不要再用力。

秘訣三 勝利者姿勢

你認為對想要贏得潛在客戶信任的專業人士而言，最重要的因素是什麼？

A在該領域展現超高專業度

B備受崇拜與聲譽

C成為眾所皆知的專家

D擁有高度自信

● 最好的握手力道是想像在按壓水蜜桃的力道

握手的技巧
以不捏壞水蜜桃為最佳力道

根據卡內基美隆大學的研究顯示，「D擁有高度自信」比聲譽、技術或過往成就都來得重要。為什麼自信這麼重要呢？當我們成功的時候，我們會比出一些「勝利者姿勢」，例如，高舉雙臂、邁開雙腳、抬頭挺胸。「勝利者姿勢」是無國界的，你若仔細觀察，會發現世界各地的奧運選手在得獎那刻的姿勢都差不多，甚至連先天失明的運動家也會擺出一樣的「勝利者姿勢」。

當勝利、成功的時候，人們會擺出某些類似的姿勢，這是先天演化的結果。**反之，只要我們「刻意」擺出這些姿勢，就能操弄對方的大腦，認為我們是勝利者、是有自信、成功的。**

以下是在談話中擺出「勝利者姿勢」的秘訣：

❶盡量讓身體占據比較多空間。

❷肩膀自然下垂並往後挺。

❸下巴、胸口和額頭朝向前方，或者稍微往上。

● 右為「勝利者姿勢」，左為「輸家姿勢」

❹雙臂與軀體之間保持一點距離。

❺確保別人看得見你的雙手。

除了「刻意」在談話中展現勝利者姿勢外，也要特別注意，別在無意間展現「輸家姿勢」，例如，我們在等待對方的時間，常常低頭看手機，此時肩膀往下垂、雙臂交叉在胸前或緊貼身體內側，此時你的客戶緩緩向你走來，在還沒見到你之前，便已在心中認定你是輸家，這注定是一場無望的談話！

等待客戶時，你該用下方左圖或右圖的姿勢看手機或講電話？當然是右圖的「勝利者」姿勢！況且，根據物理治療師的說法，用左圖的方式低頭看手機，會讓肩膀承受過多頭部重量，造成肩頸痠痛、頭痛、呼吸困

• 左為「輸家姿勢」，右為「勝利者姿勢」

難等問題。切記，你是個勝利者，站要站得像勝利者、坐也要坐得像勝利者、連看手機或講電話，也得展現勝利者姿態！

秘訣四 目光接觸建立連結

你去看過演唱會嗎？我曾經陪朋友去看過蕭敬騰的演唱會，去看之前，我明明不是他的粉絲。但在演唱會現場，蕭敬騰對著台下唱歌的時候，我總感覺他深情款款地盯著我看，讓我感覺備受關注，害我心中小鹿亂撞，不知不覺開始想要追隨他。演唱會一結束，我激動地告訴朋友：「蕭敬騰剛剛一直看著我唱歌耶！」沒想到朋友也很激動地說：「怎麼可能！他剛剛明明是一直看著我唱歌！」

後來，我才發現，原來這是一項經過縝密研究的技術。無論是知名歌手或是講者，他們會將舞台分割成六宮格或九宮格，每宮格挑選一些人盯著看，讓每一宮格內的人都感覺備受注目，從而與演唱者或講者建立連結與親密感，好像這些歌曲或話語，是專門為了你而唱／講。

目光接觸會使人分泌「催產素」：信任的化學基礎。同時人的天性會將目光接觸視為善意的非口語訊號，例如，在路上看到美女或帥哥時，總是會忍不住多看幾眼，表達好感之意。就如作家亞倫．皮斯描述道：

「A一旦喜歡B，就會一再看對方。這麼一來，B就會認為A喜歡他，所以B也會回頭過來喜歡A。換句話說，在大多數文化裡，要和另一個人建立投契關係，就要和對方至少維持百分之六十至七十的時間目光接觸，這會誘導對方產生好感連結。這也是為什麼，緊張膽怯、不敢與人維持目光接觸的人，往往較難以得到他人信任。」

這時有人會說：「可是我面對初見面的人時，就是會很害羞，習慣性躲避目光。」又或是，「我怕一直盯著人家看，會被當變態。」

至少六成時間，看著對方交談

社會心理學家阿蓋爾博士針對這個問題，研究出在與人談話時，**目光接觸最好占總體時間的百分之六十**一，尤其在聆聽對方說話時，是一個很好目光接觸的時機點，顯示你很重視對方並專注傾聽他表達的內容，對方潛意識會受到鼓勵，不知不覺越說越多，往往連不該說的底線、籌碼、秘密也不小心說溜嘴——這真是美好的附加價值！

每個人內在深層都是脆弱的，在我心理諮商這麼多人之後，我得出一個結論：「很少有人真正對自己有自信、認為自己是有價值的、值得被珍惜的。」沒自信本身並沒有關係，這是我們內在很自然存在的一部分。只要在與人交談時，盡量展現你的雙手、主動與對方握手、擺出「勝利者姿勢」，讓身體占據多一點的空間，同時至少有六成的時間保持與對方目光接觸，就算你有社交恐懼症，也能掩蓋你的脆弱，成功短暫地誘導對方相信你的專業與自信，建立能獲得潛在機會的正向關係！

如何催眠對方聽你的話

如果你用賴在談事情，對方傳了以下的貼圖，你要用哪個貼圖回覆，對方會覺得跟你「契合」？

掃描 QR Code
聆聽本章內容

圖一

圖二

圖三

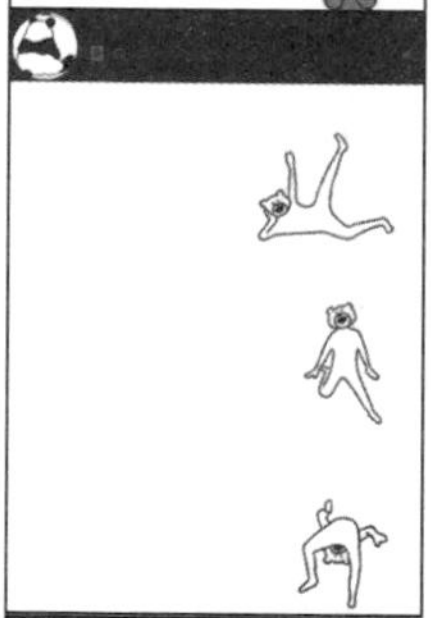

圖四

言語的契合

我們都以為自己很理性。在認識一位陌生人時，可以保持開放心態，客觀地評估對方。

但事實完全不是如此。

對方是否對我們有好感、覺得彼此頻率很對，還是覺得跟我們「話不投機半句多」，都是可以透過心理學的方法來影響。就如同從圖一的貼圖中，可以感覺對方是個喜歡可愛事物、擅於表達情感之人，若用圖四的貼圖回覆，對方只會覺得我們沒格調，通常這種時候，我會選擇下載跟對方一樣系列的貼圖來回覆對方，或是選擇圖二的貼圖，一樣帶給人可愛、充滿愛心的感覺，讓對方覺得「我跟他品味很像」。

這，就是「相似性」原理的運用。**以心理學來說，跟我們越相像的人，我們會感覺越有安全感、防衛心也會比較低**。所以當我們剛認識一個陌生人時，最常做的事情就是利用找出「共鳴點」來建立關係。

刻意製造出「契合感」

除了貼圖之外，言語的高低快慢、大聲小聲，也可善用「刻意模仿」製造出契合感，例如你是一個急驚風，但在你眼前跟你聊天的人，說話很慢，思考速度也很慢，你可能覺得不耐煩，這時候很容易越說越快，這就好像閃電俠在跟樹懶談話一般，這話還談得下去嗎？

切記，配合對方，讓對方感到舒適自在，談話才有可能持續。在音量、說話速度上面，都要稍微調整，至少讓我們跟對方說話時，不至於顯得太突兀。

用對方的語言說話

除了語調之外，「用詞」也是需要注意的部分。千萬別在言行舉止引發對方的「負面觀感」破壞關係。因為語言很容易觸發正、負面觀感。例如，我們告訴對方，我們覺得他很「特別」，這個「特別」，是稱讚還是貶低？每個人會有不同解讀。為了避免這樣的情況發生，比較保險的做法，是「用對方的語言說話」。例如，我告訴業務我的職業是諮商師，業務想跟我裝熟，回應我：「就是那個陪聊天的嘛～」，我會覺得很不受尊重，因為諮商師是要經過國家考試專業認證，資格非常難取得，業務竟然說我是陪聊的，是把我當酒店小姐嗎？避免莫名其妙得罪人的保險作法，就是用對方的詞語說話，畢竟每個人對每個字詞的解讀都有所不同，自己隨便亂說很容易引爆他人的負面觀感。

肢體的契合

下面這三張圖中，可以看出他們彼此之間的談話是很投入、熱絡的。有發現這三張圖中有什麼共同點嗎？

事實上，這三張圖是我在網上搜尋「聊天」關鍵字時出現的圖。我訝異地發現，當兩個人談話很投入時，竟然會無意中做出類似的動作！例如中間圖片人們幾乎用一樣的姿勢談話。又如左邊的圖，男女三人用相似的手勢握住手機，彼此相視而笑，連臉部表情都如此相像。又如最右邊的圖，雙方用幾乎一樣的姿勢握著咖啡

• 從與人談話的動作找出契合感

杯！

既然雙方交談熱烈、投入的時候，會不自覺比出相似的動作。相反地，當我們今天面對一個陌生人，而我們很想快速跟這位陌生人建立好感時，可以藉由「模仿對方的肢體」來操弄對方的大腦對我們產生深層的契合感。

「肢體上的契合」是一個秘密武器，威力強大而且鮮為人知。我們在對話的時候，習慣將重點放在口語上的內容，卻忽略肢體在潛意識中的影響力之驚人。

潛意識會接收到訊息

我的朋友國廷，自從聽了我的「肢體模仿創造契合感」理論後，迫不及待地找陌生人進行實驗，卻被人罵著回來找我。原來，國廷沒仔細聽完我後面說的話，他只記得我前面說要模仿對方的動作。有一次，他談話的對象習慣性地會在思考的時候摸鼻子，國廷一看對方摸鼻子，立馬跟著摸。一次也就算了，整場談話下來，對方少說摸了二十幾次的鼻子，國廷也跟著摸了二十幾次的鼻子。對方覺得國廷根本是在取笑他這個小動作，心中很是不舒服。最後國廷鼻子都快摸到瘀青了，還差點被對方揍斷鼻子！

「模仿對方的肢體動作」，並不是叫你一模一樣地神複製。我們只要比出差不多頻率、幅度的動作就可以，例如對方摸鼻子，我們可以摸喉結；對方臉癢抓了一下臉，我們可以屁股癢去抓一下自己的屁股啊！你說：「我抓屁股對方看不到，我要把屁股湊到對方面前抓給他看嗎？不然他不知道我做了類似的動作，那不就等於沒做嗎？」我說：「當然不是，你這樣會被揍！」對方的「意識」察覺不到沒關係，「潛意識」可是什麼都知道！就像一開始那三張圖片的人一樣，他們或許自己都沒發現，彼此不知不覺比出一樣的動作！因此，「意識」上有沒有發現不是重點，模仿的精髓並不在於讓對方看到、也不必依樣畫葫蘆地

• 「鏡像神經元」一個很常見的例子，人們天性會去模仿他人。

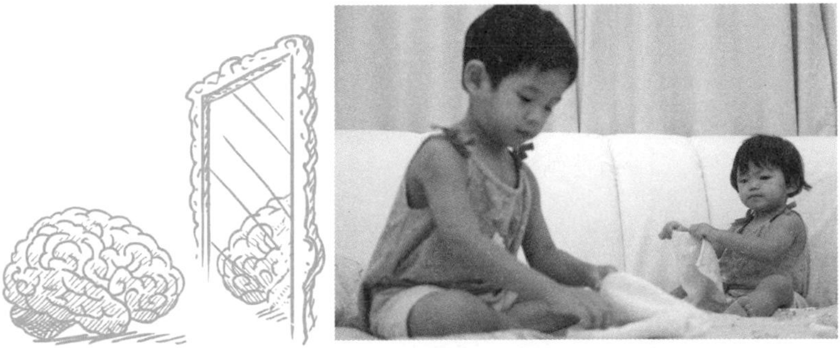

妹妹模仿哥哥摺衣服的動作

比，你只要比出差不多感覺的動作，對方潛意識會接收到的。

做出相似的動作，之所以威力這麼強大，是因為在每個人的大腦中，有一種很特殊的細胞，叫做「鏡像神經元」，這個特殊的細胞，是演化所留下的痕跡，當我們與人互動時，看到對方比了某個動作，大腦迴路會被激發，就好像扮演對方的鏡子般，比出跟對方相似的動作。

「鏡像神經元」的理論看起來很深奧，其實生活中比比皆是。一個很常見的例子，就是成人跟嬰兒的互動。當我們看到一個小嬰兒比出某種奇怪的動作時，往往可以看到身旁的大人跟著模仿小嬰兒那奇怪、無意義的動作。反之亦然，就連剛出生不久的嬰兒，天性也會去模仿身旁大人的動作。「鏡像神經元」的存在，讓我們可以透過模仿他人的舉止，更了解對方的情緒、狀態、感受，產生「同理心」，扮演溝通互動的關鍵角色。若缺乏「鏡像神經元」，我們會變得無法理解對方動作的意圖是什麼，例如捷運緊急剎車，你旁邊站著的帥哥美女快要跌倒，如果你缺乏鏡像神經元細胞，你就無法解讀對方的動作代表「我快跌倒了！幫我！」，你只會冷漠地看著對方倒落在地，錯失開啟一場浪漫的愛情故事。

情緒的契合

「我的女朋友說要跟我分手，而且隔天真的打包好行李搬出去住了。」宇洋說。他來找我諮詢，希望釐清女友到底在想什麼，好挽回女友。

「但是，她說要分手的理由，我完全不能理解。老師妳說我女友是不是移情別戀了，隨便找個理由把我打發走？」宇洋推一推眼鏡，露出柯南要破案般地表情。

我也推一推眼鏡，想乘機模仿宇洋的肢體動作，增進契合感。啊！不對，我今天戴隱形眼鏡，沒有眼鏡可以推，只好將頭髮往後撥，做出類似頻率的動作，露出福爾摩斯般的表情，問宇洋她女友提分手的理由到底是什麼？

「她說我都不會安慰她！前幾天她工作被老闆罵，心情不好，我就給她建議，告訴她要怎麼做比較好。畢竟我自己也是當老闆的人，我知道老闆在想什麼啊！但女友竟然很生氣地告訴我，她不需要我的建議！叫我不要當她的老闆！她說我每次都這樣，她只是要我安慰她，但我卻都表現得很冷靜、一副事不關己的樣子，她說她實在受不了我了。」宇洋背稿般地一口氣說出這段話。我猜他被罵過無數次了。

於是，我再次露出福爾摩斯破案的表情，鄭重地告訴宇洋，他真的是因為這原因被分手，不是女友移情別戀。無論女友是情緒激動地跟宇洋分享生活上的事情，或是傷心難過地說她被老闆罵的委屈，宇洋的反應都非常冷靜理智。他們兩個在情緒上很不協調，難怪女友會覺得宇洋不懂她。

以「十分」的快樂情緒回應對方

情緒上的不協調，不只發生在宇洋身上，也很常發生在日常對話中。例如，今天老闆舉辦慶功宴，大家都很嗨，唯獨同事A整晚板著臉坐在那，一定會被其他人關切同事A怎麼了？幹嘛那麼解嗨？但其實同事A只是天生個性如此，久而久之，同事A被視為「非我族類」，大家聚會不再找同事A一起參加。

你有你的個性，很好。但是如果你想學習跟人快速建立關係，將自己的情緒狀態調和到跟對方差不多頻率，是你該學會的技能。一般來說，當對方用滿分十分的開心語氣跟我們說話的時候，我們可以用十分滿分的開心去回應對方。

以「五分」的負面情緒回應對方

但若對方用滿分十分的難過程度跟我們說話時，我們只能用「五分」左右的難過程度去回應！為什麼不能用「十分」難過去回應呢？因為我們用「十分」難過去回應，對方跟我們談完，只會記得在我們這崩潰大哭的宣洩，我們跟這負面情緒連結在一起，成為對方的情緒垃圾桶。對方每次一看到我們，就想到自己當初很低落難過崩潰的樣子，你說，他狀態好的時候，會想到找你一起享福嗎？離你遠遠的都來不及呢！

但如果我們用「五分」左右的難過程度去回應就不同了。對方每次跟我們聊完之後，他的難過程度從十分減輕到七、八分，在他心中，對我們留下一個好印象：「每次跟你談完我都感覺好多了！你就好像我的充電休息站，當我沒電的時候，你總是能幫我充一點電。你是我好重要的朋友，能結交到你是我的福氣！」你連結了代表「希望、電力、好一點」的正面情緒，成了對方的避風港，關係自然深厚起來！這就是從陌生人變朋友，甚至變家人的秘訣！

先呼應後引導：為催眠對方鋪梗

為什麼要學習善用自己的言語、肢體、情緒，讓對方覺得跟我們同頻呢？目的是為催眠對方鋪梗！記得前面說過的鏡像神經元嗎？當對方展現某個動作，我們的鏡像神經元也會活化，無意識中做出一樣動作。反之，當我們先透過刻意模仿，將自己調到跟對方同頻後，對方不但放下心防，**你們雙方彼此大腦內的鏡像神經元更相互影響，這，就是你引導對方往你想要方向走的時機！**當你改變了一個動作，對方也會在不知不覺中做出跟你一樣的動作，說服，手到擒來！

呼應製造契合感，目的不是迎合討好對方，而是讓對方心理上產生對你說「YES」的傾向。例如，今天你是在百貨公司櫃台賣鑽石的專櫃小姐，有位顧客上門，想買顆鑽戒給未婚妻，以下是櫃姐與顧客的對話：

先生：「這個鑽戒是不錯啦，但是價格太貴了！」

櫃姐：「太貴喔……（**言語契合，重複關鍵字，誘導對方在心裡「say yes」**），您說得沒錯，價格的確是貴了一點，要買確實是需要考慮一下（**情緒契合，承接對方心情，誘導對方在心裡「say yes」**），但您看這鑽戒在燈光下閃閃發亮的樣子（**眼前可見的現況，誘導對方在心裡「say yes」**），可以看出這顆鑽戒品質非常高（**無可否認的事實，誘導對方在心裡「say yes」**），尤其現在很難得有優惠折扣，以這樣的價錢買到如此高品質的鑽戒，CP值算非常高（**加入自己的溝通目標催眠說服對方繼續**「say yes」），不很有道理嘛?!（**附加問句**）。」

先利用呼應來契合對方，誘導對方連續說出四個YES，無形中催眠對方，對方會對之後的問句，減少思考，好像被洗腦一般，不自覺對於你的目標問句回答YES！

這裡的附加問句，可以說也可以不說。附加問句的目的是更進一步催眠對方，讓對方頭腦打結，例如：「你說這不是很有道理嘛？！」，對方不禁思考：「所以是有道理還是沒道理？算了！不想那麼多了！就當有道理好了。」，誘導對方啟動快速、直覺、自動化的思考方式，腦波很弱地聽從你的溝通目標，而非用深思熟慮的思考方式做決策！

在我的經驗中，我學到一個人生道理：「要

• 口語上的呼應與引導

口語「內容」的呼應 ＋ 引導 ＋（附加問句）

口語「內容」的呼應		引導		（附加問句）
眼前可見的現狀 無可否認的事實 重複對方關鍵字 承接對方心情 （YES）	＋	溝通目標	＋	是吧 不是嘛 對吧 不是這樣嘛 不很有道理吧 不很公平吧 不很有意義吧

說服對方，必須先放下自我」，我們都希望別人可以聽我的話、達成自己的溝通目標，但從慘痛經驗中證實，用越強硬的態度要求對方配合、威脅利誘甚至恐嚇，只會離目標越來越遠，甚至搞到兩敗俱傷。說服的最高原則，反而是先放下自我，配合對方，利用呼應，讓對方產生契合感，對我們放下心防，視我們為「自己人」，關閉深思熟慮、防衛性高的大腦決策模式，開啟腦波弱、易被說服、感性的大腦決策模式，對我們言聽計從。

• 如何催眠對方：呼應與引導

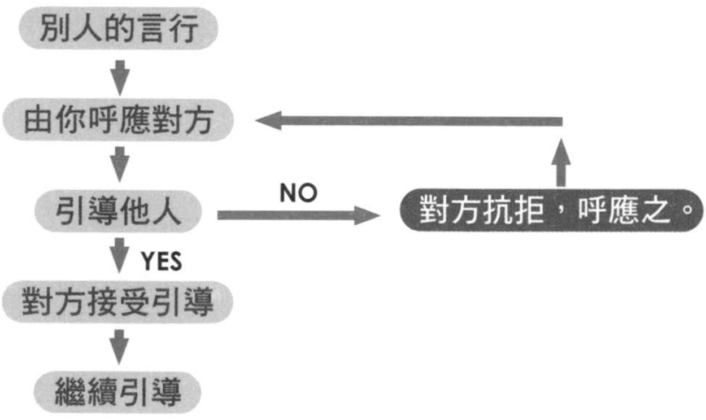

看穿人心的心理學技巧

今天，是一個很重要的場合，你要跟某位「超重要的陌生人」見面，這個陌生人，可能是工作上潛在合作對象，也可能是潛在的未來岳父母，又或者是任何一位能夠左右你的人生軌跡的「超重要陌生人」。

你其實一點也不關心對方到底是誰。對方的胖瘦美醜跟你無關。你只知道，你得讓他對你留下好感。這樣你的事業才能更上一層樓、或者你才能順利嫁／娶到後半輩子與你白頭偕老之人，不至於被對方父母太過刁難，成了羅密歐與茱麗葉。

要怎麼讓對方留下好的第一印象是關鍵。留意對方的表情、動作、性格，迅速蒐集正確資訊，決定該如何應對進退讓對方順眼。畢竟人的眼都是瞎的，只要留下好的第一印象，對方看你就會如同月暈一般，只看到那朦朧皎潔的月暈，留下美好浪漫的讚揚之詞——例如牛郎與織女的故事，連吉祥物「玉兔」都準備好了。這些美好浪漫的想像，帶來無限商機，例如月餅、烤肉、柚子等等。同樣地，只要你讓對方有好的第一印象，也能為你的事業、愛情帶來無限希望。

培養看穿人心的能力

殊不知穿透月暈底下的你，其實只是坑坑巴巴的月球，一點也不美，真實的你，充滿缺陷與脆弱。但無妨，只要第一印象夠好，這些都可以被掩蓋。

於是，你想盡一切辦法討好對方、博得對方歡心。例如，在進入餐廳的門前，幫大家開門、吃飯時幫忙拉椅子、倒酒水。如果吃中式合菜，還得幫忙對方夾菜盛湯。努力地在對方講出一點也不好笑的冷笑話時，假裝被逗樂。盯著對方的穿著打扮，努力地擠出讚美之詞……

飯吃飽了，心也累了。如此鞠躬盡瘁，死而後已地討好對方，以為對方會對你豎起大拇指，沒想到對方的評論卻是：「這人很不真誠，愛拍馬屁迎合別人，不可以信任。」

這中間到底出了什麼問題？

為人服務被說拍馬屁、不可信任，不服務又被說自私、不尊重他人。做人好難，怎麼做都不對。

那是因為你沒培養一眼看穿人心的能力。以為全世界大家性格都一樣、以為有一套放諸四海皆準的討好法則。天下哪有這麼容易吃的午餐。

事實上，世界上存在著四種「動物特徵」的人，不同動物特徵的人，有著不一樣的性格，得用不同的討好方法，對症下藥地與對方相處，才能奏效。

測一測，你屬於哪種動物類型？

每個人在面對不同對象時，會展現不同樣貌，比如對家人可能展現任性撒野的一面，對長官可能展現冷靜理智的一面。同樣地，面對不同人，我們會換上不同的動物面具與人互動。因此下面的測驗中，請想像你在和「某位特定人士」互動中，自己是否符合敘述？依照符合程度，每題評1～6分。接著根據得出的平均分數，對照「四種動物特徵」圖（見第35頁），找出自己屬於哪種動物類型。

• 測一測，你屬於哪種動物類型？

	❶我的情感不輕易表現在臉上		❶我經常感覺煩躁或沮喪
	❷太緊密的關係，我會覺得有些不自在		❷我不喜歡獨處，喜歡有人陪
	❸我大多數時候冷靜理智，甚至被說無情		❸我希望與對方關係更靠近
	❹我享受獨處，有自己空間		❹我擔心不被對方重視
	❺我認為只有自己的力量才可靠		❺曾因懷疑自己被拒絕而陷入焦慮
	❻與人分離的時候，我不會太傷感		❻比起自己優點，總是忍不住在意自己缺點
	❼即使和關係親近的人在一起， 我還是會客套		❼我對他人的情緒變化很敏感
	❽我不太跟對方分享內心的想法跟感受		❽遇到討厭的事情，會放在心上很久
	❾對我來說，我的獨立與自由比感情還重要		❾如果對方表現出冷淡疏離的樣子，我會擔心是不是自己做錯什麼事

• 超級不符合：**1**分　• 不太符合：**2**分　• 有點不符合：**3**分
• 有點符合：**4**分　• 很符合：**5**分　• 非常符合：**6**分

左欄 評分相加後除以9，得到一個平均分數。

右欄 評分相加後除以9，得到一個平均分數。

• 四種動物特徵

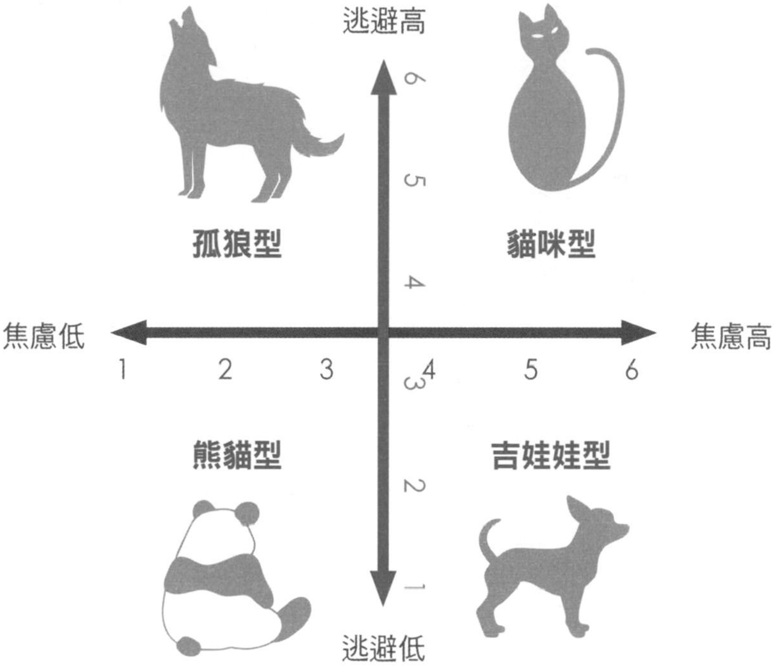

四型觀人術

找出自己是哪一類型的動物了嗎？接下來詳細介紹每種動物類型的人格特質。

1 吉娃娃型

讚美要浮誇、拒絕要委婉

有一種人，存在著吉娃娃的特徵。他們敏銳、神經質、容易焦慮、防衛攻擊、吵鬧、弱小可愛、惹人疼愛。這類的人在與人互動中，說話通常比較急躁也比較快速，同時他們會敏銳觀察他人的情緒與需求，主動服務對方，給人很貼心的感覺，同時，他們也享受被照顧、服務的感覺。

但吉娃娃人的內在其實是很不安的，他們很怕得罪人，讓人不開心。他們希望藉由服務對方，獲得對方的肯定，因此，他們渴望被讚美與肯定。

與吉娃娃類型的人相處，可以多一點貼心，主動為對方服務，吉娃娃類型的人可以感受到我們想建立關係的善意，他們會很開心。

反之，當吉娃娃人為我們服務時，記得表達我們的感謝與欣賞，甚至可以語帶激動、浮誇地去讚美對方的優點與付出，例如：「哇！你真的好貼心喔！幫我夾菜，謝謝你！」、「你的頭髮好烏黑秀麗，在哪燙髮的？」、「你超幽默的！我好喜歡跟你說話。」等。這些讚美不用有具體事證、甚至不用是事實都沒關係，吉娃娃的人只要是讚美都照單全收地心花怒放，不知不覺中就與我們建立關係、對我們產生好感了。

但要特別注意，與這類型相處，**千萬不能踩的地雷就是「拒絕」**。基本上，吉娃娃人是不接受任何形式的拒絕的，他們無法清楚將「人」與「事」分開，我們只要拒絕他的提議，就是拒絕他這個人！好不容易建立起的關係，瞬間瓦解。因此無論在職場或是私人關係中，我們若直白地對吉娃娃人說：「不要」，就等著被吉娃娃類型的人五雷轟頂吧！

與其直接拒絕，不如使用「**以拖待變**、**以退為進**、**婉拒**」的方法，例如，當吉娃娃上司交代我們做一項不屬於我們的工作時，我們可以告訴上司：「好的，我很樂意做，但我最近手上案子很多比較忙，可能會做得比較慢，先讓您知道。」然後，我們基本上就可以把那件案子放在那裡不動。等到上司催促我們，我們再去做一點點，顯示出很努力做但實在忙不過來的樣子。吉娃娃類型的人很急性子，他看你做這麼慢，他又趕著要，就會再去找其他下屬來做這份工作。

用這種「以拖待變」的方法去婉拒吉娃娃，他們會不會生氣？會，但只是生悶氣，這總比直接拒絕他們，落個五雷轟頂的下場要來得好。至少努力建立起的關係不會被撕裂。

2 孤狼型

聊工作開啟共同話題、多傾聽、讚美要具體勿浮誇

孤狼類型的人，顧名思義，就如同荒野中的一匹狼。孤狼人獨立自主、給人冷靜理智、就事論事的感覺。基本上孤狼人不喜愛依賴他人、擔心造成別人麻煩，他們比較不會主動與陌生人建立關係，給人較有距離感與威嚴，語調表情起伏也不大，喜怒不形於色。

因此，與孤狼人建立關係時，你幫他開餐廳門、夾菜盛湯的動作，不但沒加分，反而可能扣分。因為孤狼人對他人的情緒與需求比較不敏銳，所以你的付出與服務，他要不是沒感受到，要不就是覺得很有壓力，反而讓他想趕快結束對話逃離現場。建議與孤狼人相處時，他可以自己做的事情就讓他自己做，或是在為他服務之前，禮貌性詢問對方是否需要幫忙，如果對方拒絕，就尊重他的選擇，不要強迫孤狼人接受我們的好意，反而更能建立關係。

孤狼人比較不會主動開啟話題，即便我們主動問他話，也很容易被孤狼人句點——他們不是故意要對我們冷漠，他們的特質就是如此。此時不要心灰意冷，只要抓住孤狼人的特性，也能跟他們聊得很來。孤狼人的特性是非常擅長蒐集客觀資料、深究問題、解決問題。也因此他們對於工作基本上都滿有熱忱與投入的，詢問跟他們工作領域有關的專業意見是個安全牌，也不至於讓場面太過冷場。

在跟孤狼人對話的過程中，切記提醒自己要「傾聽」。孤狼人因為話不多的特性，很容易引發對話者的焦慮，不知不覺越說越多、越說越急。當你說的越多，孤狼人會變得越退縮。建議你跟孤狼對話的比例最好維持五：五或六：四，多利用「提問」引誘孤狼人說話，當人在談論「跟自己有關」的事情時，大腦會分泌多巴胺，多巴胺是一種快樂激素，讓孤狼人誤以為自己很喜歡你、非常享受這場談話！

另外，雖然每個人都喜歡被讚美，但要怎麼讚到對方心坎去，是一門學問。上述提到當面對吉娃娃時，可以很浮誇的讚美他。但對孤狼，切記不要浮誇式讚美，孤狼會覺得這很不切實際，他要不覺得你很假很油，要不直接把耳朵關上，心底根本沒收下你的讚美，你只是浪費口水罷了！

若要讚美孤狼，要舉出「具體」他做了些什麼，例如：「你查了天氣預報，知道可能會下雨，提議我們坐計程車去吃飯，謝謝你的細心。」；而非浮誇式地說：「天啊！你真是暖男！掐指一算看會下雨建議我們坐計程車~實在是智慧與理性兼具的型男！」。當讚美越具體實在，孤狼人越能收下你的讚美。

3 貓咪型

不討好、不冷淡，平等交流對談

貓咪型的人，結合孤狼的冷傲與吉娃娃的焦躁。就如同貓咪這種動物帶給人的感覺一樣——高傲，捉摸不定、難以看透的感覺。當貓咪心情好時，可能會主動跑來跟貓奴撒嬌，但當貓咪心情不好的時候，貓奴要是敢碰牠一下，牠可能就會伸出爪子把貓奴抓傷。貓咪型的人也是一樣道理，當他心情好時，他可能會主動跟我們建立關心，願意為我們付出、討好我們，但當他心情不好的時候，或是覺得我們不有趣的時候，他可能會突然變得很冷淡。

跟貓咪類型的人相處，即便對方是我們的長輩或是重要合作對象，也別過度服務、討好，對王者般的貓咪來說，一旦我們過度討好，其實就暗示我們甘願臣服於貓咪之下。對貓咪人而言，你就變得不再有挑戰性了，他會對你失去興趣，你的談話內容在他聽來會變得無聊，下一步就是轉身離開。

你問，那為什麼不能冷淡？試想，如果整場談話，你的臉都比冰山還冷，這樣是要怎麼建立關係？況且，你一開始冷冷的，貓咪人可能會覺得你很有挑戰性，對你產生興趣，但你若從頭冷到尾，會引起貓咪人的不悅，認為：「你跩什麼跩阿！如果你對我沒興趣，那我也不要浪費時間在你身上。」

在跟貓咪人相處的時候，貓咪人可能會對我們提出很多質疑，或是製造競爭氛圍讓我們緊張，例如貓咪人可能說：「你連我們產品都不夠了解，還想跟我殺價？拜託！排著跟我買的人一大堆，我還不做你生意呢！」，此時，不要掉入陷阱跟貓咪人陷入權力鬥爭中，這會撕裂彼此之間信任合作的關係。但也不要裝可憐、情緒勒索、太放低身價拜託貓咪人便宜一點賣我們，這只會讓貓咪人對我們不屑，更想壓榨我們到底。此時，要維持「溫和堅定」的態度，平等的與對方交流，詢問對方何以無法賣我們便宜一點，對方的考量與需求是什麼？針對對方的需求，找出共同解決問題的方法，得到一個彼此滿意的結果。

4 熊貓型

做自己就可以，但基本的尊重還是要有

熊貓這種動物給人的感覺胖胖的，我們就算去打牠一下，牠可能完全沒感覺到痛，即便生氣了要跑來追我們，但移動速度太過緩慢，可能跑到了氣也都消了。因此熊貓人給人的感覺是不疾不徐、說話速度平和緩慢、做事不會太匆忙、溫和脾氣好、隨興自在、好配合、相信問題都會解決不用太過擔心。

熊貓型的人包容力很強，跟這類型的人相處，不用顧忌太多，做自己，覺得舒適開心就好。即便不小心說或做了什麼錯事得罪他，只要大方跟他道歉，他也會馬上原諒。**不遷怒、不記仇、很好哄是熊貓型的優點**。另外，熊貓型的人很願意接納並包容不同的意見，因此即便對方是我們的長輩，或權力地位比我們大，當在討論事情的時候，彼此意見大相逕庭，仍可以直接提出來討論，熊貓型的人不會羞辱或否定我們，而是會跟我們平等交流對談，尊重並傾聽、參考我們的意見。

唯一需要注意的是，熊貓型的人很願意配合別人，所以我們的主導性可以強一點，不然可能事情談了很久但都沒有一個定論。另外，許多人在跟熊貓型相處過程中，會發現熊貓型的人很好欺負，叫他幹嘛就幹嘛，就算惹他生氣好像也沒關係，反正他很快就會原諒。久而久之，互動容易失了分寸。**熊貓很好哄不代表他不會生氣，他也是有底線的，切記維持人與人之間基本的尊重**。

做人不難，只要能夠培養一眼看穿對方是哪個動物類型，對症下藥地進行有效互動，方能達到加分不扣分的效果。

溝通就從遞出一張獨特的名片開始

「我們要印名片了，你要一起印嗎？」同事問。

我打開抽屜，去年印製的名片還剩下超過半盒。這盒名片已經不太適用了，我的確需要重新印製一盒新名片，但我很猶豫——我不知道印名片要幹嘛，甚至很懷疑，給人名片後，這些名片除了被丟棄或躺在對方某個抽屜裡之外，真的會有用處嗎？我想到我的營養師兼紫微斗數講師朋友蘇政瑜，臉書粉專號稱自己為「不運動營養師小紅」，平常演講邀約接到手軟，有天他在臉書的發文，提到名片對他的幫助幾乎是零，在經過小紅老師的同意後，我將他發文截圖如下圖所示：

掃描 QR Code
聆聽本章內容

• 犧牲樹木的生命，印製無用的名片，效益在哪？幹嘛不直接加賴或信箱聯繫？

有天，我去了一個場合，認識許多講師。不免俗地大家又在互相交換名片。而我連一張名片都沒帶。想認識加賴就好了，幹嘛還要名片？突然，有位講師走向我。但她不直接給我名片！

她把她的名片像玩撲克牌般攤開來。要我伸出左手，抽一張她的名片。

「恭喜妳！妳抽到黃色的名片，黃色這張代表妳接下來財運會很好喔！」我看了看名片，對方叫作佩瑩，是個「天賦諮詢師」。她說她從事的工作是使用美國哈佛大學教育研究院心理發展學家加德納的多元智慧理論為背景來諮詢。加德納認為人的智慧分為八項：

❶語文（Verbal／Linguistic）
❷數理邏輯（Logical／Mathematical）
❸視覺空間（Visual／Spatial）
❹肢體動覺（Bodily／Kinesthetic）
❺音樂節奏（Musical／Rhythmic）
❻人際（Inter-personal／Social）
❼內省（Intra-personal／Introspective）
❽自然觀察（Naturalist，加德納在一九九九年補充）

因此天賦諮詢師佩瑩將她的名片分為八種顏色，讓人像抽塔羅牌般抽取她的名片。

• 加德納的人類八項智慧

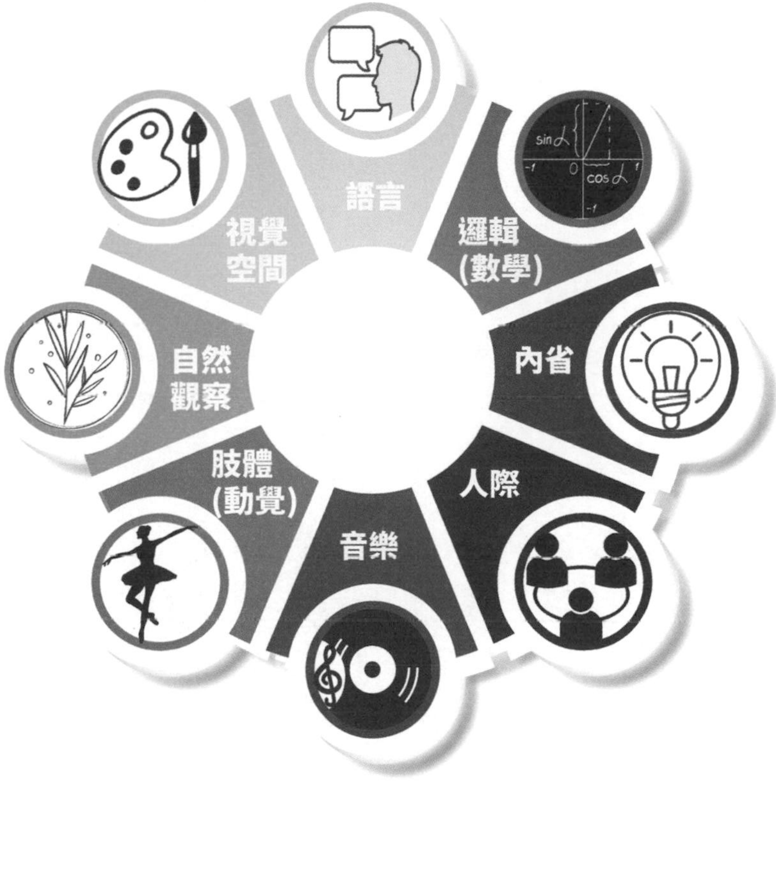

各位發現了嗎？加德納的這八項智慧，沒有一項跟財運有關啊！事實是什麼不重要，重要的是，佩瑩抓住人喜愛算命的心理，用抽牌的方式給出名片，對方會很自然的問她這顏色代表的意義，佩瑩就有機會行銷自己的職業，並讓人留下深刻印象！我相信任何收過她名片的人，在需要跟她職業相關的人才時，一定會第一個想到她！即便經過好幾年也不會忘記。

這才是名片的意義。給出名片的目的是希望讓人可以記得你，以及你的職業。名片就好像埋下一顆種子，你不知道眼前這個人跟你是否有機會合作，但當對方有需要的時候，他會想起你，回頭翻找你的名片，就算遺失了當初你給的名片，也會千方百計地找到你。

可惜，大部分人並沒善用這個機會。給了對方一張平白無奇的名片，說了一段平白無奇的自我介紹，長了一副平白無奇的臉孔。過了幾天，人家就把你給忘了。你的名片只成了地球的殺手，沉積在某種生物的肚子裡。

與眾不同使你贏得機會

TLC（旅遊生活頻道）是我最喜歡的頻道。裡面有一個節目，創業家們必須向投資者進行簡報。如果投資者對這項產品有興趣，創業家就能獲得資金。根據研究，成功說服投資者的創業家，跟失敗的創業家，最大差別在於簡報中是否出奇不意：如果簡報加入一點獨特性、創意性或互動性，讓投資者留下比較深刻的印象，成功說服投資者的機率也會比較高。

1上台簡報加入獨特性：

如果你是做腦波研究的，別在台上花一堆時間跟投資者講解如何測腦波，投資者只會睡著。直接把腦波儀戴在你的頭上進行簡報、現場操作給他們看，保證投資者眼睛為之一亮、多巴胺分泌增加，對你產生愉悅感的正面連結，從而在心裡高估你的研究價值。

2想一個特別的職稱：

世界上跟你從事類似工作的人這麼多，別人沒有義務記住你，特別給你機會跟生意。讓人記住你，是你的義務和責任。如果你總覺得世界不公平，為何別人可以幸運獲得貴人相助而你卻是被遺忘的那個人？原因不在於你不夠優秀或努力，你只是沒讓人記住你。

一個讓人記住你的方式，是為自己的職稱想一個特殊的名稱。例如：

A我是作家

B我書寫故事

C我是職業觀人師

「我是作家」這個職稱，讓人連想跟你拿名片的動力都沒有，更別說在活動結束後跟你聯繫談合作；「我是職業觀人師」的職稱，則讓人好奇，願意跟你深入交談，保持聯繫，贏得更多生意。

3 獨特的大頭照：

如果你是用賴跟合作對象聯繫，你可以在賴的大頭貼加入一些跟你專業有關的獨特性元素，讓人對你更印象深刻。例如，你是講師，開了一門「一談就成交」的課程，你在大頭照上比出「1」的手勢，讓人每看到你的照片一次，就想到你的課程一次，無形中幫自己免費宣傳好多次，同時讓人記住你與自己專業之間的連結。

• 有特色的大頭貼

4電子郵件簽名檔附註一段特別的引文：

我收信的時候，發現有些人會在結尾或簽名檔附加：「祝您平安喜樂。」每當我看到這段附加字，心情會不自覺變得更好一點、對寫信的人觀感更正面，也會記住這封信的內容久一點。除了中文之外，西班牙文的「Gracias」也不錯用，這是中文「謝謝你」的意思，適用於任何信的結尾，「Gracias」這個字曝光率在生活中算高，對方就算看不懂，也大概知道是西班牙文，去網路查一下就知道意思。當他親自動手去查的時候，又會在無形中提高對我們的注意力，增進我們在他心目中的價值。

5說出對方的名字：

前陣子我參加了一個旅行團，團員有二十六位。導遊卻能在點過一次名之後，唸出每位團員的名字！當導遊跟我談話，能夠叫出我名字的時候，我感到又驚又喜，覺得自己備受重視，瞬間與導遊建立關係。

我的反應，有科學上的證據。根據研究顯示，當人們聽到自己的名字時，掌管情緒的杏仁核，與掌管記憶的海馬迴會變得比較活躍。因此，當我們叫出對方的名字，對方會釋出更多善意、與我們建立關係，同時激發海馬迴的活躍，讓對方對我們產生深刻印象。

把握每個可以叫出對方名字的機會吧！拿到對方名片的時候，覆述一次對方的名字：「佩瑩好！很高興認識妳！」；交談中也盡量叫出對方的名字：「佩瑩原來是天賦諮詢師啊！」；寫信的時候，也盡量提到對方的名字：「佩瑩您好，我是上週六跟您在阿雄舉辦的聚會中談過的那位……」，記住，我們每叫出對方的名字一次，就刺激對方腦中的杏仁核與海馬迴活化，莫名對我們產生好感、高估我們在他心目中的價值。

只要多點心思，讓自己有獨特性，平凡的你，也能廣結貴人緣，活出不平凡的人生！機會，把握在自己手中！

站對位置
才能廣交潛在貴人

當你進入一個充滿陌生人的會場，你認為走到哪個區域開始與人攀談比較能成功與潛在貴人交換名片？

A門口報到區
B廁所外面的會場
C吧檯飲料區
D食物區
E主辦人附近
F熟識友人待的區域

掃描 QR Code
聆聽本章內容

你會選擇哪幾個區域待著？＿＿＿＿＿＿＿＿（可複選）

以前的我，會選擇「F熟識友人待的區域」。待在朋友旁邊我覺得最有安全感。可以避免孤伶伶的一個人，又可以避免跟陌生人初次見面沒話聊的尷尬。但我發現，這讓我沒辦法妥善利用這個場合結交到潛在貴人！整場活動下來，我只結交一、兩位我朋友的朋友——這些人原本就在我可能接觸的生活圈內。在這樣難得的場合、花了一整晚，只認識我原本生活中就可能會認識的人，成果實在不怎麼光彩。

這到底怎麼回事？明明是一個可以認識許多潛在貴人的機會，為何被我硬生生給浪費了？

後來，我才知道問題出在我「站的位置」不對！專門研究人際溝通與人際智商的學者凡妮莎．范．愛德華茲曾和許多主辦單位合作，暗自追蹤觀察每位參與者的互動模式、並計算每位參與者認識了多少人、收到多少張名片、互加多少賴。凡妮莎團隊發現，最成功的人際交往者，會站到某些特殊位置、並避開某些地雷點。

地雷區一 門口報到區

千萬別站在門口報到區等著跟人攀談！你想想，大家風塵僕僕地趕來會場，剛踏入會場的那刻，情緒都是緊張高昂的，根本沒心情好好聽你說話！大家只想趕快報到，了解整個環境，或是肚子餓到想趕快拿食物餵飽自己。

你說，你在門口報到區把人攔截下來是不是很不厚道？怪不得別人敷衍你急忙走開。「門口報到區」是凡妮莎團隊發現得到名片最少的一個區域！

地雷區二 廁所外面的會場

有時候你之所以被邊緣化，問題不是出在你的談吐或個性，問題純粹出在你·站·錯·位·置·了！站在廁所外面的地點，只會遇到急著上廁所的人，以及上完廁所快步離開的人。難怪沒人會停下來主動與你攀談，就算你把人攔截住，也只會被打發走。

況且，你一直站在廁所門口，很像變態。

地雷區三 食物區

待在食物區會有幾個危險。第一個危險是食物可能太好吃，讓你的目標從原本「盡量結交潛在貴人」變成「媽啊！這食物太美味了！我要多吃一點！」，然後你吃了一整晚，心滿意足的離開，卻一個潛在貴人都沒結交到。

第二個危險是，大家去食物區都忙著盛裝食物。眼裡只有食物沒空看向你，手也忙著搶攻想吃的目標物，哪還有手跟你交換名片？就算拿完了食物，對方可能很餓，急著把食物吃完，在這樣情況下你攔截對方只會惹怒對方——吃飯可是比皇帝

• 親近貴人區避開地雷區

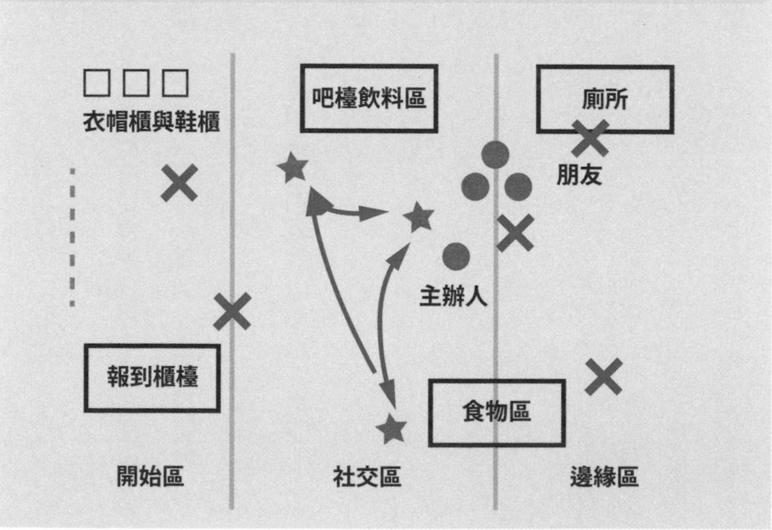

都還大呢！先讓人吃飽喝足、平靜情緒後再來社交吧！

地雷區四 熟識友人待的區域

一旦加入朋友圈、甚至點頭之交圈，我們就很難離開去認識新對象。人天性看到認識的人，就會去打招呼，待在朋友圈中不想離開。這區域最讓人有安全感、最熟悉也最放鬆。但也最會讓人後悔——整場活動下來只更加認識了我們的朋友（也可能是更加討厭我們的朋友），卻沒認識任何一個對我們有幫助的潛在貴人。

你說，那我跟朋友聊個幾句就離開可以嗎？我勸你不要。或許我們意志力足夠，讓我們違反天性，走出舒適圈離開友人，去認識陌生人，但我們怎麼能確保友人意志力跟我們一樣足夠，能夠放手讓我們離開、允許自己失去我們這個安全感來源？如果朋友都不放我們走，硬是纏著我們，我們還得不露痕跡地抓交替，找其他替死鬼當朋友的安全感浮木。抓不好還可能讓朋友對我們反目成仇，覺得怎麼變得對他如此冷漠、無情。

最好的辦法，是遠遠地先跟朋友打個招呼，告訴朋友你很開心見到他，但你現在有事情，等等再來找他好好敘舊（尤其在上述地雷區打招呼最好，朋友不是趕著報到、上廁所，就是趕著拿食物，還來不及纏著你，你就先開溜了），接著，你要鼓起勇氣讓自己踏出舒適圈結交潛在貴人，等活動進入尾聲快結束時，再去找朋友聊天敘舊。

結緣貴人區一 吧檯飲料區

凡妮莎研究團隊發現，**最能廣泛與人交換名片的地點，就是在人們剛拿完飲料，離開吧檯的時候！**會來到吧檯的人們，通常已經對整個活動場域建立安全感，平緩報到時的匆忙與緊張，飢餓的人也已經吃飽了。他們來到吧檯區，拿了一杯飲料，準備與人交流。你站在飲料區周圍，潛在貴人主動與你攀談的機會大增；若你選擇主動出擊與人攀談，也比較不會被拒絕——說不定對方還很感激你主動來跟他聊天，避免他落入獨自一人的窘境。

結緣貴人區二 主辦人附近

主辦人通常會是這場聚會中的人脈王！幾乎所有賓客都認識主辦人。主辦人是最有效益的「社交網路連結總指揮」，你可以主動過去跟主辦人打招呼，請主辦人介紹一些根據你的背景與需求，適合結交認識的對象。有效獲得最能幫助自己的潛在貴人名單，而非一整晚到處與人結交，卻發現認識的人跟你關聯不大，難以成為你的貴人。

如果主辦人太忙，沒時間好好跟你聊上兩句，提供專屬於你的貴人名單，也別太擔心。你只要刻意站在主辦人視線所及的範圍內，當賓客來跟主辦人打招呼，而這位賓客很可能成為你的潛在貴人，主辦人又恰巧看到你在附近，肯定會叫你過來，介紹你的潛在貴人給你認識。

少量多餐法：自然離開不想進一步認識的人

對有些人來說，與陌生人開啟一段交談不是難事。難的是如何結束談話。如果眼前這個人明顯對你不會有益，你為了禮貌繼續浪費時間與他結交，只會錯失真正該認識的潛在貴人。

這時候你可以使用「少量多餐法」，也就是故意一次只拿取一點點食物到吧檯區或食用區坐著（這些都是人們期待與人攀談的區域）。當談話對象是你沒興趣的人，你只要告訴他：

「抱歉，我還有點餓，先去拿點食物，很開心跟你談話認識你！」然後就可以自然轉身離開，完全不留一點拒絕的痕跡。

跳脫舒適圈需要勇氣。但善用人的心理，知道該站在哪個位置，不但能更容易廣交新朋友，也能有效認識專屬自己的潛在貴人！

把握潛在貴人的好方法

掃描 QR Code
聆聽本章內容

「你好，聽說你出過書，我也想出書，想詢問你的建議，可以跟你聊聊嗎？」我終於鼓起勇氣，問了眼前的男子。這位男子叫作「歐陽立中」，他是一名高中國文老師，同時也是作家、說故事高手、講師、桌遊達人。我們一起上了好幾堂的NLP（神經語言程式學）課程，但在今天之前，我們從來沒開口跟彼此對話過。

「這是最後一堂課了。我要把握機會請教歐陽老師怎麼寫書。」我在心裡這麼告訴自己，卻仍猶豫了好幾個小時，才鼓起勇氣去「搭訕」歐陽老師。

「沒問題！我很樂意跟妳聊聊！妳平常有寫文章嗎？我可以幫妳看看妳的文章寫法，給妳一些建議！」歐陽老師溫暖、親切地回應，讓我放下心中的大石頭，很感激他的樂於助人。

「我最近剛開始嘗試寫文章，貼在臉書上，等等喔～我開給你看。」我趕忙把手機拿出來，心中還想著要乘機加歐陽老師臉書好友。

「妳寫的很好耶！基本上大方向沒什麼要改的，但如果這裡可以……」歐陽老師告訴了我一些寫文章要注意的小技巧，並鼓勵我持之以恆地繼續寫。

機會，是留給準備好的人

那時候，認識我的人非常少。因為心理師的職業，對於隱私需求會比較高，我不太會加人好友，也不太會讓人加我好友。導致我臉書使用了十幾年，好友數仍只有兩百人左右。

在這麼少臉書好友的情況下，我常常花很多心力寫了一篇文章，卻只有小貓兩三隻按讚。我很心急想多增加臉書好友人數，讓自己文章曝光度增加。歐陽老師是過來人，他說他一開始也是這樣，但他不氣餒，持之以恆繼續

▲歐陽老師（左）以及本書作者Ashley（右）。

寫、繼續發文，有一天他的文章竟然被報章雜誌轉發，點閱率一路飆高。這行的潛伏期很長，但成長往往是指數性飆高成長的。歐陽老師說：「機會，是留給準備好的人。」他覺得我寫得很好、很有潛力，持續寫下去，總有一天會有爆發性地成長。

當晚我回到家，就發現我的一篇文章被轉發了，點讚分享數一路飆高，那個禮拜，有一千多人加我臉書好友。

轉發的人就是歐陽老師。

後來，我持續地寫文章，開始累積喜愛我文章的讀者，臉書好友快速增長，甚至有些文章分享數還突破五百人。

但我還是沒走到出書這一步。

直到半年後的某天，我去了歐陽老師《飄移的起跑線》這本書的新書發表會。歐陽老師介紹了他的編輯給我認識。過了不久，這位編輯找我合作出書。又過了不久，時報出版社也找上我，要與我合作出另一個主題的書。

「妳很努力不一定有機會，但不努力就一定沒機會。」整整一年來，我不放棄持續寫作，我很幸運，一次來了兩個機會、有兩家出版社想找我出書。才有各位此刻捧在手上看的書。

但這真的只是幸運嗎？別忘了，這一切的起頭，是因為我遇到歐陽老師成為我的貴人。**一位與我萍水相逢的陌生人，為什麼願意成為我的貴人，如此幫助我？除了機緣之外，有沒有更科學的方法，讓我往後可以把握住每位潛在貴人呢？**

富蘭克林效應：化敵為友

我想起了心理學中的「富蘭克林」效應。富蘭克林是十八世紀一位深具影響力的政治人物。他在政壇上有一位死敵，水火不容，關係惡劣到在議會走廊上看到彼此，也不會打聲招呼的地步。

可是，在這次的議會工作中，富蘭克林需要這位死敵的支持。他要怎麼在短時間內扭轉與這位死敵惡劣的關係呢？

低聲下氣請求幫忙？沒面子是一回事，怕就怕不但失去尊嚴，還慘遭對方羞辱後拒絕幫忙。看來這不是一條可行之路。

「啊！聽說他有珍藏一本珍稀的書，那本書我想看很久了，不如寫信詢問他可否借我書，藉此機會來建立關係吧！」於是，富蘭克林真的寫信向死敵借書，死敵竟也真答應借書。

從借書的那天起，他們兩人在議會走廊上看到彼此，開始會主動打招呼。在議會上，富蘭克林發言時，死敵不但變得友善許多，也開始專注聆聽富蘭克林的意見。

富蘭克林發現，與人建立關係的最好方法，原來不是低聲下氣地請求；也不是付出、幫助他人，而是「請對方幫自己忙」，此後，這個原理稱為「富蘭克林效應」。

在十八世紀適用的道理，如今也一樣適合。不知道各位是否記得，在二〇一八年高雄市長選舉的時候，王世堅常與韓國瑜作對，甚至說出：「如果韓國瑜選上市長，我王世堅就跳海。」的豪語。沒想到最後韓國瑜真的選上了市長，所有人都在看王世堅的好戲，記者們每天追問王世堅什麼時候要跳海。

沒想到韓國瑜倒是幫王世堅解圍，而他解圍的方法很高招。韓國瑜不是直接叫王世堅不用跳海沒關係，如果他這麼說，很可能更惹怒王世堅——你叫我不跳我就不跳嗎？那你豈不故意陷害我成了言而無信之人？還順利拉抬你韓國瑜的格局？王世堅不但不領韓國瑜的情，往後更會處處與韓國瑜作對。

韓國瑜的團隊肯定讀過心理學。在這危機時刻，韓國瑜善用「富蘭克林效應」，他說比起跳海，更需要王世堅來高雄玩一趟，「幫忙」韓國瑜行銷高雄，讓人進來，貨出去，發大財。王世堅靦腆表示：「如果我們高雄的人民都認為有用，我多少可以廢物利用」。

從此，王世堅從沒在新聞媒體面前再罵過韓國瑜一句話。不用討好、不用私下賄賂，只要善用「富蘭克林效應」請求他人幫忙，就能順利建立關係，減少死敵，獲得貴人。

請人幫忙，威力強大

請人幫忙這招真的這麼好用，連死敵都願意化敵為友嗎？心理學家強・柯傑與大衛・藍迪抱持著懷疑的態度，進行了一個實驗以求驗證。這兩位心理學家，找了一群受試者來填問卷，只要完成問卷，就可以獲得兩百元。同時，心理學家雇用了一個演員來扮演「研究員」，這位由演員扮演的假研究員，被心理學家要求在受試者過來填寫問卷的期間，要用最無禮的態度對待受試者們。

- 在第一組的實驗裡，這位假研究員會在受試者拿到錢走出門後，趕緊追上去，跟受試者說：「我其實是自掏腰包進行這個研究，我們資金快用完了，可以**請你們幫忙**把剛剛拿到的錢還給我嗎？」

- 第二組實驗，則是假研究員的助手會追上受試者，請求他們還錢。
- 第三組實驗，受試者拿到錢走人，沒人請他們留步還錢。

幾天之後，心理學家請這些受試者評分對那位假研究員的好感程度，你們猜哪一組的受試者會對那位態度無禮的假研究員評予最多好感？

正確答案是第一組！這結果真是令人訝異！受試者們不辭辛勞地大老遠跑來，犧牲時間做問卷，過程中研究員還一直催促你快點完成，你若詢問研究員問題，都被很不耐煩地回應，甚至在你做完問卷後，要你快點離開。這就算了，他竟然還跑出來要求歸還你辛苦填寫問卷拿到的錢。我們直覺認為第一組受試者會對假研究員產生厭惡感，沒想到實驗結果卻正好相反——第一組對假研究員的好感程度竟然最高！

這就是富蘭克林效應的威力。它很違反直覺，卻威力強大！

商場運用：閒聊中蒐集資訊

近期，我有很多機會跟大老闆們談合作。我發現商場老手跟新手在談合作的方式很不一樣。新手會很直接的開門見山，迅速有效率地找出彼此能合作的點來談。老手則相反，他們可能約你吃飯，天南地北的聊，全面性地了解你，同時也了解你身邊其他或許對他有用的資源。一頓飯下來，你們都可以幫彼此寫出一本個人自傳了，但還是不知道實際上該怎麼合作，甚至對方根本還沒規劃好他的方案，只是先蒐集人脈。

一開始，我覺得跟老手談合作很浪費時間。但他們會成功，表示他們的方法有道理。於是我開始觀察。慢慢地，我發現老手透過大量認識產業相關人才、從閒聊的過程中，快速掌握產業脈動、精準分析市場現況，甚至在閒聊的過程中，他們蒐集到產業關鍵人物的資源，能幫他的企畫執行更成功。看起來浪費時間，但卻蒐集到許多最重要的資訊，前置期很長，但一出手砸錢，卻能精準到位。

例如，現在是社群軟體崛起的時代，任何產品要成功，行銷一定是關鍵因素。而坐在我面前的這位陳老闆，年紀約莫六十多歲。他想擴展講師市場到海外，希望我能與他合作。

但他卡在一個問題：如何行銷宣傳他的公司？讓他公司的網頁迅速累積人氣？是要在臉書投放廣告還是關鍵字？怎麼經營粉絲頁，可以有效吸引到對他們產品有興趣、願意花錢的客戶族群？

別忘了，這位陳老闆是個有點年紀的人，社群媒體他不是很熟悉。但這影響他做生意嗎？我不認為。陳老闆在聊天的過程中，發現我的經紀人是工程師背景，他利用大數據來分析社群媒體、研究廣告如何投放、如何經營品牌形象……，這位陳老闆希望我的經紀人能幫忙他架設網站、增進網頁曝光度，同時他還找了另外一位對社群經營很有研究的人才加入。陳老闆不需要自己花時間心力下去研究，他只需在聊天的時候，告知對方他目前遇到的困難，請對方給予建議，就能找到好人才。

想想看下面兩句話的差別：

A「我需要網路行銷人才，你們介紹給我吧！」

B「我目前遇到困難，很想尋求你們的意見，了解你們怎麼突破、如何讓自己的品牌形象建立起來，快速累積粉絲的呢？」

「A我需要網路行銷人才，你們介紹給我吧！」這句話很一針見血地提出要求，很冷靜理智、完全不示弱，但也容易讓人遺忘。我受到請託後，可能隔天就忘記這回事，不然就是介紹相關人才後，拍一拍屁股走人，讓陳老闆後續自己去談。

但「B我目前遇到困難，很想尋求你們的意見，了解你們怎麼突破、如何讓自己的品牌形象建立起來，快速累積粉絲的呢？」這句話，則引發他人想幫忙的心。我們也是過來人，知道品牌建立的辛苦與不容易。當初我們也是靠很多人的幫忙才能走到今天。我們把自己過往的辛苦，跟陳老闆現在的困境在潛意識中連結。於是我們願意不藏私地告訴陳老闆我們是怎麼走過來的，過程中的學習跟失敗經驗是什麼，避免陳老闆重蹈覆轍。

當我們告訴陳老闆越多我們吸取的經驗，陳老闆不只能少走冤枉路，還能乘機分析我們的經驗是否能為他所用、我經紀人的專長是否能為他所用？更重要的是，當我們越投入幫忙，我們不知不覺將「陳老闆的困難」視為「自己的困難」，陳老闆開始被我們視為「內團體」的「自己人」，我們會盡其所能介紹自己身上的資源給陳老闆。

上面的故事，完整顯示出何以「富蘭克林效應」能發揮影響力的心理緣由。當人提出請求，用情感來說服對方幫忙，人天性難以拒絕。一旦開始幫忙對方，無形中自己會慢慢投入精力、資源幫對方解決問題，投入越多，越把別人的事情當自己的事，也就越難理智抽身。至此，便成功讓陌生人願意犧牲自己的利益來幫助你。

生活運用：將焦點放在對方身上

如果今天你去面試，跟面試官聊到你的興趣是閱讀，面試官回應他也愛閱讀，你可以乘機使用「富蘭克林效應」，請面試官推薦你幾本書，迅速跟面試官建立關係並留下深刻印象；如果你是講師或作家，請求觀眾為你在網路上寫一篇推薦文；如果你剛搬到新家，想認識鄰居，除了烤餅乾送鄰居之外，你還可以請教鄰居他的獨門做菜秘方；如果你跟約會對象第一次出門看電影，可以請他推薦一些好看的電影，不但免除沒話題聊的尷尬、善用「富蘭克林效應」拉近關係，日後還能找藉口請對方跟你一起回溫他推薦的電影，這樣又多一次約會機會！

詢問對方建議、請求對方幫忙，不但不會讓對方看不起我們，反而會讓對方精神振奮！前面提過，人都是自戀的，當我們把焦點放在對方身上，會促使對方分泌愉悅激素：多巴胺！另外，對方會認為我們尋求他的建議，代表我們重視他，基於互惠的心理，對方也會想回報我們對他的重視，因此增加我們在他心目中的分量、並認真幫我們解決問題。

特別要注意的是，當我們詢問他人意見時，要維持開放心態，認真聆聽別人的專業意見。千萬別顯示我們根本無心聽，或不斷反駁對方好心提供的建議，這會讓對方覺得很不被尊重，反而冒犯了對方，破壞關係的建立。

情感竊取術

「啊！我的印章放在車上忘記拿了！您大門鑰匙可以借我嗎？我自己去停車場拿印章就好，您可以繼續寫保單，節省時間。」又來了！這是阿立從我這學到的招術。

阿立是一位憨厚老實的保險業務員。無論寒冷的冬天、傾盆大雨的梅雨季、炙熱到可以把人烤成乾的夏天，保險業務員都需要站在陌生街道上，一家家登門拜訪，推銷保單。

一開始，阿立在街上站了一整天，一張保單都沒推銷出去。根本沒有人願意讓他踏入家門，就連攔截路人，路人也不願停下腳步，聽阿立解釋他們家保單的優勢。

「或許我不適合這份職業吧！都一個禮拜了，願意停下來聽我講話的人一個都沒有。我該轉職嗎？」萬念俱灰的阿立，報名了我的談判心理課程，想最後放手一搏，看看上完課後，還有沒有轉圜的餘地，如果再過一週，還是沒人願意聽他講保單，那就準備辭職。

阿立拿出他早已預備好的辭職信給我看。

掃描 QR Code
聆聽本章內容

「在報名我的談判心理課之前，你還做了哪些努力呢？」我想知道阿立做了些什麼、哪些有用、哪些沒用，從中找出成功經驗。

「我花了一大筆錢，去跟Hogan老師學習NLP（神經語言程式學）課程，裡面教了許多可以快速學習、執行的心理技術，例如當人恐懼的時候怎麼幫他處理、怎麼幫人設定快樂、興奮、憤怒、難過等等各類情緒開關。」阿立說。

「咦~你學過的這些招數，都很好用來快速跟陌生人建立關係呀，你有應用NLP到你的保險業務工作上嗎？」我問。

「有有有！我學了NLP之後，大家願意聽我說話的比例大幅攀升。我現在會先跟潛在客戶聊天，了解他們有什麼困擾，例如常常覺得厭煩的人，我就幫他設定一個快樂情緒開關。但……雖然大家願意聽我說話了，可是我還是一張保單都沒賣出去。我根本變成免費登門拜訪幫潛在客戶做心理諮詢。對我推銷保單一點幫助都沒有！倒是成功推銷一堆人報名NLP的課程……」阿立沮喪地說著。

「我有一個很快速可以建立好感的方法，不用免費花時間幫潛在客戶做心理諮詢，還能單刀直入切入你保單的主題，你想學嗎？」阿立連忙點頭，拜託我教他。

快速建立好感的方法

「你把握了建立關係很重要的因素，就是『好感連結』，但你用的方法很吃力不討好。你獲取好感的方式是幫對方做免費心理諮詢。事實上，你只要『反過來』用，你不用花一點心力，就可以讓客戶視你為自己家人，對你放下心防、願意買你的保單。」我說。

「老師妳說『反過來』是什麼意思？」阿立急迫地問我，想知道解救他的方法。

「你想想看，平常你會對誰最好？當那人提出請求時，你會放下手邊工作，冒著被老闆罵的風險，赴湯蹈火地衝去幫忙？」我問。

「當然是我的家人啊！我如果哪天接到我媽媽生病在醫院的消息，我一定馬上衝去醫院看她。」阿立說。

「就是這個！為什麼你願意為媽媽做這麼多？因為她在你心中是『自己人』、是你很信任的人。你跟媽媽的互動方式，已經深深烙印在你腦海裡，我們要跟陌生人建立關係，就要利用他跟家人的互動模式來快速建立信任與好感。」我說。但我知道阿立一定聽不懂。於是我補充道：「例如，你媽媽如果從南部上來台北借住幾天，你會不會把你台北房間的鑰匙給你媽媽，讓她可以自由進出你家？一定會對吧？我們通常會把鑰匙交給親近、信任的人，這樣的認知已經深深刻印在我們的腦海裡。」

「利用這一點，如果你能夠讓陌生人把鑰匙交給你，鑰匙與親密、信任家人之間的連結，也會轉移到你身上，陌生人莫名對你產生好感與信任，而他完全不知道發生什麼事情！這就是『反果為因』，誘導陌生人對你做出會對信任、親近的人做的舉動，就能迅速建立信任感，讓潛在客戶買你的單。」

聰明的阿立一點就透。從此以後，他只要登門拜訪客戶，一定會故意假裝自己的印章放在車上忘記拿，借機讓潛在客戶把鑰匙交給他。現在每個月，阿立都是全公司中推銷出最多保單的保險業務員。

「啊！我的印章放在車上忘記拿了！您大門鑰匙可以借我嗎？我自己去停車場拿印章就好，您可以繼續寫保單，節省時間。」我和阿立相視而笑。下次，你如果聽到這句話，記得也跟阿立打聲招呼。

什麼是「心錨」？

心錨簡單來說，就是制約反應。例如，我家的狗狗，牠剛來我家的時候，每次看到我媽媽手上拿著肉，口水立馬流滿地。我媽媽有個習慣，她會把剛煮熟的大骨頭放在盤子上等涼了再拿給狗狗吃，時間一久，狗狗只要聽到媽媽拿盤子的聲音，就會興奮地衝過來跳上跳下，急著要媽媽趕快拿大骨頭給牠吃。

這就是制約反應的形成。原先盤子是中性刺激，不會刺激狗狗流口水。但每當大骨頭出現時，盤子也會隨之出現，在狗狗的大腦迴路中，盤子跟食物畫上等號。不能吃的盤子成為食物的心錨。

在我們從小到大的文化薰陶下，不知不覺中建立許多心錨。例如，看到有人面帶微笑，我們認為那是友善的心錨、看到有人比讚，我

▲說好的骨頭呢？怎麼變成烏魚子了。

• 生活中常出現表達善意的正面心錨

握手

微笑

擁抱

們認為這代表認同與肯定。看到在對話時，對方頻頻點頭，認為這是對方認同我說的話，會想繼續表達下去等等，**因此，若想跟陌生人快速建立好感連結，善用正面心錨就是一個很好的做法**，比如像阿立一樣，想辦法讓陌生人借你鑰匙、又比如在跟陌生人談話時，比起面無表情，你面帶微笑、時而認同地點頭、拍手，會讓對方感受到被你喜愛，更願意和你說下去。

要注意的是，雖然我們整個文化大背景是差不多的，但每個人對每個動作的解讀，仍不可能完全一樣。比如握手，有些家庭的孩子常常看到爸媽跟生意往來對象握手，認為這代表生意人達成共識的暗號。但也可能，隔壁家庭的孩子，認為握手是很虛偽、很假意的社交。但無論如何，這些正面心錨，可讓人感受你的善意，不管對方是否喜歡，至少不會引發負面觀感。

善用負面心錨 斷捨離不對的人

「我今天去跟投資主做簡報，希望說服投資主願意花錢投資我們公司，可是我在簡報的時候，投資主一直在看他的手機，時不時對著我的簡報搖頭嘆氣，腳還一直抖，好像很不耐煩的樣子，我當下其實很緊張，想說投資主是不是對我們公司產品沒興趣，不願意投資，連聽都懶得聽了。」明耀沮喪地說著。

沒想到幾天後，投資主從一百家企業中，選擇了明耀的公司。他竟然通過了海選！

「但，投資主怎麼一直低頭看手機、搖頭嘆氣、抖腳呢？」明耀困惑地問我。他說，他原本以為肯定無望被選上，一結束他就去找其他投資主了，差點跟其他老闆簽約了呢！

還記得前面提過的正面心錨，可以快速與人建立關係嗎？水能載舟亦能覆舟。在生活中，我們也要小心避免使用負面心錨，否則很可能在無意間得罪他人，失去潛在合作機會。

以下是學員們在我的談判心理課中，討論出生活中常見的負面心錨，切記，在與人對話時，若你也出現下列「負面心錨」，很可能埋下破壞關係的地雷：

- 皺眉頭
- 唉聲嘆氣
- 嘴巴發出嘖嘖聲
- 站三七步
- 用鼻子嘆氣
- 作勢把耳朵摀住不聽
- 搖手拒絕
- 下巴抬高看人
- 翻白眼
- 不直視對方，眼神閃爍
- 打斷別人

- 手指著別人
- 插腰
- 抱胸
- 斜眼看人

運用負面心錨結束不適合的談話

再說一次，水能載舟亦能覆舟。若在對話中，我們明明想跟對方建立關係，卻無意間比出負面心錨的姿勢，很可能讓我們大扣分。反之，在談了一陣子之後，我們已經清楚了解到對方不是我們的潛在貴人，想離開談話，但對方看起來仍很想繼續跟我們聊下去，話題根本無法結束，此時，就是派出「負面心錨」閃亮登場的時刻。我們可以假裝一直看手錶、表現得很焦躁的樣子，或是一直察看手機訊息，藉機跟對方說公事上有急事要處理，先去打一通電話，交換名片後即可快步離去。

有位學員告訴我，自從上了我的談判心理課程後，他現在對評審委員做簡報，都會特別注意自己的肢體語言。當評審委員給批評指教的意見時，他也會用正面心錨回應，例如，擺出專注聆聽的姿態、對於認同的部分點頭、不認同的部分則抑制皺眉、避免露出不屑的表情。他發現評審委員更願意幫忙他、讓他通過提案，因為委員覺得他的態度很好、很願意傾聽他人意見並改進。事實也證明，評審委員的意見不只是刁難，而是用自己血淚經歷過後換來的字字箴言，這些意見幫這位學員少走許多冤枉路，避免掉許多潛在損失。

我們常以為對話就是口語上的表達，卻忽略「一個動作勝過千言萬語」，肢體語言有時候更能發揮強大的影響力。許多人上了很多溝通對話課，卻完全無視自己的肢體語言對關係造成的影響，實在非常可惜！從今以後，多注意自己會帶給人哪些「正面心錨」與「負面心錨」，

把握潛在貴人，斷捨離消耗你時間精力的人！

以退為進的讓步法

「你以為我談輸了嗎？其實我贏了！」上我談判心理課的學員小瑜，趁著下課趕緊把我拉住，問道：「如果我今天為了維持關係而讓步，雖然表面看起來輸了，卻為我日後帶來更大合作商機呢？就像蝦皮補貼消費者運費，看似虧大了，其實獲得更多客戶下訂單。」

小瑜說得非常好。她不只考量到一時的利益，還考量到長久的合作關係。有時候，讓步也是一種贏。例如服飾店老闆，為了想攏絡新客人，將衣服便宜賣給新客，告訴新客買三件打八折，表面上看起來老闆賺的錢變少了，卻獲得客人芳心，願意持續回購，長期來看，老闆的讓步反而讓他營收成長。

以上是最美好的情況。可惜現實是殘酷的，怕就怕你讓步了，對方卻得寸進尺，把你的讓步視為理所當然、不知感激，甚至蠻橫地要求你一而再、再而三地讓步。例如，上述服飾店的新客，可能在心中認為這家店打折是應該的，怎麼下次我買三件你不給我打折了？那我買五件呢？老闆是不是應該給我打七折？

當老闆不願意的時候，新客開始與老闆起口角，在網路上留下對這家店的負評。服飾店老闆很無奈，難道讓了一次步，下次就得讓更多步嗎？怎麼當初讓步的好意，算新客便宜一點，反而給自己找上麻煩，引發糾紛？

很多時候我們為了維繫關係，卻反而委屈了自己。職場新鮮人琦玉就是標準例子。琦玉雖然是個新鮮人，卻深知職場上人際關係的維護是一門深奧的學問。她聽說很多人離職，不是因為工作本身，而是因為跟同事或長官處不好。因此，她特別在意跟同事之間的關係經營，希望大家都喜歡她。

- 同事A：「我要趕著去帶小孩，剩下的就交給妳了！」然後，琦玉只好犧牲約會時間，獨自加班。
- 同事B：「幫我把這文件拿給長官吧！」然後，明明不是琦玉的工作，長官給了一堆意見要琦玉修改。
- 長官：「人力吃緊，妳多幫忙點吧！」然後，琦玉明明只拿一人份的薪水，卻做著三人份的工作。

琦玉開始想離職了。她跟同事處得很好沒錯，畢竟她幫大家做牛做馬，誰不喜愛她呢？連長官都覺得聘用到她真划算！但其實琦玉心裡很累、很不平、也很委屈。一開始大家還客客氣氣地叫她做事情，到後來竟一副「理所當然」要琦玉幫忙的態度。但是，琦玉也不知道怎麼拒絕，擔心拒絕同事會不開心，努力經營的關係付諸東流、更怕同事在背後中傷自己，說自己待久了就開始「倚老賣老」不做事。

讓步需附上理由

讓步是要有技巧的！**要「刻意」讓對方對我們的讓步很有感，而且感激我們**，才能把讓步的價值凸顯出來，對方也才不會得寸進尺、軟土深掘、嘗到甜頭後更要去占我們便宜。若我們讓步的目的，是想要「以退為進」，**在讓步時切記要告訴對方你讓步的「理由」**，藉此暗示對方：「讓步僅限於此次，下不為例。」避免對方一直占便宜，同時避免自己開先例，失去拒絕的立場。

以服飾店老闆為例，當初他在給新客「三件八折」的特惠價時，應當附上一句：「妳別告訴別人喔！妳長得很像我孩子，我感覺特別親近，才給妳打折跟妳交個朋友的，別人可沒這福利！」

新客聽到，不但明白這個優惠僅止於這次，同時接收到老闆對她有好感、想跟她當朋友的善意，最厲害的是，老闆給這位新客帶來一種「我是特別的、這個優惠專屬於我」的感受，老闆不只出售衣服，還帶給客戶尊榮感，你說，如果你是這位客戶，你會再次光顧嗎？會推薦朋友這家店嗎？會想跟老闆當朋友嗎？當然會！會想占老闆便宜嗎？不一定！看我們的良心，但至少若老闆婉拒我們想要優惠的請求，我們會摸摸鼻子乖乖接受，不會「理所當然」地認為老闆每次都該給優惠。

琦玉的例子也是一樣的。當同事趕著去接小孩，請琦玉幫忙完成接下來的工作時，即便琦玉不在意加班完成，內心樂意幫忙同事，也千萬別回應：「沒問題！交給我，妳快去吧！」這樣的幫忙顯得毫無價值可言，同事內心說不定覺得琦玉很閒，以後可以多麻煩她一點沒關係，反正琦玉也很樂意。

因此，就算是舉手之勞的幫忙，也記得要附帶理由，凸顯自己幫忙的價值，以後自己需要幫忙的時候，同事才會知恩圖報。琦玉可以這樣回應：「我了解當家長不容易，有時臨時加班孩子可能找不到人帶。算妳幸運，我超難得今晚剛好沒約，可以幫忙妳完成。」琦玉強調了這次之所以能幫忙，是恰巧今晚沒事，若下次同事又把工作丟給琦玉善後，琦玉不想答應幫忙時，就說自己有約了，即可輕鬆婉拒。

交換條件式的讓步

小時候，我媽媽為了避免孩子偏食，每餐一定會煮一道菜與一道肉，這些菜肉不是裝到大盤子裡，而是分裝到每個孩子的專屬盤子中，身為孩子的我與哥哥，依照規定是一定得吃完自己盤子裡面的菜肉才可以離開餐桌。

可是，有時候我就是會遇到我不愛吃的菜啊！怎麼辦呢？我和哥哥會趁媽媽不注意的時候，互相協商：「今天這青椒我不愛吃，哥哥你幫我吃一大口，那我就幫你吃你吃不下的燉肉，成交嗎？」我和哥哥就靠著這種條件交換式的彼此讓步法，換得彼此自由自在離開餐桌的玩樂時間。當時，我們才七、八歲。

難怪俗話說：「孩子是天生的談判專家。」當時身為孩子的我和哥哥，是沒有任何權力、地位、籌碼和媽媽談判的。但我們清楚媽媽的規定是：「要把自己盤子內的食物吃完」。可是誰去吃完是一個漏洞。

如果我要哥哥直接幫我吃，哥哥肯定不樂意，但哥哥也會遇到他不喜歡吃的食物，希望我幫忙吃掉的時候。在這個層面上，我與哥哥是盟友，共同的需求是：「當我遇到不喜歡吃的東西時，你幫我吃」，於是我們用這種交換條件式的讓步法，交換彼此不愛吃的食物，順利解決兩人的困境，完美達到「雙贏」談判。甚至有時候，我遇到超級不愛吃的菜，實在一口都很難吞下的時候，此時我需要哥哥幫忙的需求很高，我就得讓利多一點，他幫我吃一口菜，我得幫他吃兩口（甚至三口）他不想吃的其他東西。

交換條件式的讓步，最大優點是讓自己的讓步很有價值，且彼此心裡都舒服。我們不是無條件地幫助對方，對方若想換得我們的幫助，他也必須付出相對應的「代價」，根據心理學的實驗，人對於「失去」的痛感，比「獲得」帶來的快感，還要敏銳至少兩倍。因此當對方需要付出代價、失去某些東西下，才能得到幫助，對方會更謹慎思考是否真的需要我們的幫忙？若評估後仍覺得需要我們幫忙，「付出代價交換條件」所帶來的痛感，會讓對方對於我們的協助更銘記在心，同時也更能同理，當我們幫忙時，我們也「犧牲、失去」自己某部分的休息或玩樂時間，比起我們無條件直接答應幫忙，「交換條件式」的協助，反而更能激起對方感恩的心，日後也才會「感謝有你」，我們的付出、協助不再被視為「理所當然」，對方受我們的點滴之恩，日後必當湧泉以報，未來自己也需要他人幫助時，才不會孤單寂寞覺得冷。

讓步，要讓的有價值

以琦玉的例子為例，琦玉答應同事幫忙的背後，其實是希望哪天自己遇到急事無法加班完成工作的時候，同事也願意當救火隊幫忙自己。只是琦玉沒說出口，同事也不知道琦玉背後的盤算。當琦玉有急事時，拜託同事幫忙卻被同事拒絕，琦玉才會這麼生氣難過，但同事其實從頭到尾都不知道原來琦玉當初答應幫忙的背後，是有這個隱藏式的附帶條件，只覺得琦玉是個情緒不穩的人，無法接受別人一點拒絕，也生氣琦玉沒同理心，強硬地要同事加班幫她完成事情，也不考慮別人還有孩子要顧！明明一開始是好意幫忙，卻反倒撕裂關係、在職場樹敵。

其實，琦玉一開始就可以開宗明義告訴同事：「我可以理解人都有需要別人幫忙的時候，今晚我剛好沒事，我願意犧牲我的時間，加班幫你完成。但改天我有急事不能加班的時候，你也願意加班幫忙我嗎？」或是告訴同事：「對於這件工作，我很擅長，可以迅速完成。但我手上有另一份工作，我不太擅長，要花我很多時間，你要跟我交換做嗎？或許這部分你很擅長，我們剛好可以彼此幫忙！」

讓步，要讓的有價值。切莫讓步後，反而賠了夫人又折兵，自貶身價不說，付出還得不到回報，甚至幫的忙出了差錯，還要被長官、同事罵，惹得自己一身腥！「附加理由」的讓步法，讓對方明白此次讓步是特例，同時激起對方感恩的心，日後試圖回報你。「交換條件式」的讓步，則讓對方更謹慎思考是否真的需要你幫忙，同時讓對方更尊重你、不敢將你的幫忙視為理所當然。

「讓步」代表犧牲自己，成全別人。如果連自己都不看重自己的犧牲與失去，更別期待他人「滴水之恩，湧泉相報」，這是一個強食弱肉的社會，你的讓步，不是為了讓你成為弱者被欺負，你的讓步是有目的性的、是為了提高自己的身價、是為了借貸一個恩惠，當自己哪天成為弱者時，被你幫助過的對象才不會落井下石，而是會對你伸出援手。

心機二

減少溝通中的不確定性，避免損失

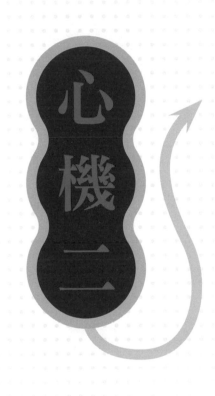

權威框架與情緒綁架

「這是我第一次來高級飯店洽談生意！」其實我心知肚明，對方故意選在一間很高級的飯店吃飯，是為了建立自己的權威感，透過飯店高檔的裝潢與服務生過於正式的服務，提高身價並放大自己的優勢、讓我顯得渺小。

「我才不會中招呢！我是一個學過談判的心理師，了解你在玩什麼把戲。」我先給自己心理建設了一番，保持著要去跟朋友見面吃美食的心情前往飯店。雖然這位「朋友」我連他長怎樣都不知道，希望等等我們可以順利找到彼此。

一進去飯店的餐廳，服務生馬上把水端過來，問我們要氣泡水還是酒。同時給我們一部平板，要我們用平板點餐。我第一次來這家餐廳，翻看菜單的過程顯得手忙腳亂，對方卻一副老神在在的樣子，菜單連看都不用看，就決定好自己要吃這家店的三杯豬腳。

「這道菜是我的最愛，每次來必點。另一道菜給妳決定吧！」對方優雅地看著我，耐心等

掃描 QR Code
聆聽本章內容

待我手忙腳亂地翻完菜單。

我好不容易決定了一道看起來超美味可口、分量適中、價位也合理的餐點（給人請客不好意思讓對方荷包大失血）。調整好心態，優雅地請服務生過來點餐，沒想到服務生卻告訴我：「抱歉！妳點的這道菜是套餐才有的，單點的菜在另外一頁。」

傻眼！我花了這麼多時間好不容易找到一道滿意的餐點，竟然告訴我看錯頁了！這家店菜單設計的也太複雜了吧！不能更直覺性、視覺化一點嘛?!於是我在服務生與洽談對象的雙重注目下，時間緊迫地翻看菜單，但我緊張到根本看不進去任何字，只好隨意地指著一張圖片：

「就是這道了，脆皮雞！」我說。說完後有點後悔。這分量兩個人一定吃不完。但算了，管他的，看起來好吃就好！

事實證明我的美食雷達很精準。這道脆皮雞是我吃過最好吃的一道烤雞料理。現在想起來，還口水直流呢！

但我的心理建設卻完全失敗。

我明明知道對方故意選在高檔飯店洽談合作，是為了建立權威框架來凸顯他的氣場並壓制我，事先我也給自己打預防針，告訴自己不要緊張，卻在點菜過程破功——服務生與洽談對象盯著我等我點菜時，我真的覺得自己好窘迫。相比對方的老神在在──像走進自家廚房似地悠閒，瞬間創造出比我優勢的談判地位。

沒錯，透過點菜過程，我被「情緒綁架」了！緊張占據我的心神，我無法客觀理性地評估對方，潛意識中竟把對方賦予了父親的地位，我覺得在他面前我像個害怕被罵的孩子，這是怎麼回事？

情緒腦與認知腦

一九八六年起，紐約大學的心理學家暨神經學家菲利浦和勒杜進行一系列實驗，企圖了解當人面對情緒綁架時，大腦是如何運作。研究發現，人們在決定如何做出決策與反應時，大腦內部有兩個路徑：

路徑一 情緒腦（the emotional brain）：

情緒腦所跑的路徑，是一條抵達思考終點的最短捷徑路線。它直接從視丘連結到處理情緒的杏仁核，優點是快速、直覺，缺點是無法冷靜理智思考後，做出精準正確的反應與決策。例如下圖的「路徑一」反應模式，當我們走在路上，看到某個條狀物體，不確定是蛇還是繩子，第一時間是彈跳退後，遠離此條狀不明物。

路徑二 認知腦（the cognitive brain）：

這條跑道比較長，要跑比較慢，它同樣以視丘為起跑點，但中途拐個彎路經大腦皮質，才繼續跑向杏仁核。例如下圖「路徑二」反應模式。這個拐彎到大腦皮質很重要，因為大腦皮質負責認知思考、謹慎分析現在該如何反應

• 人們在決定如何做出決策與反應時，大腦內部的兩條路徑。

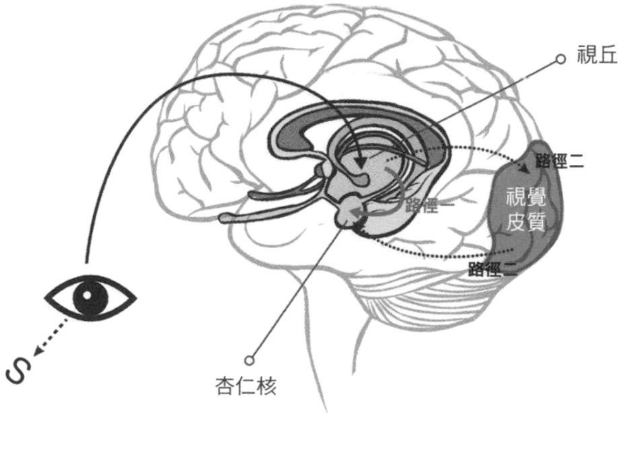

最恰當，而不是受情緒所宰制。因此，我們會在撫平情緒後，再定眼仔細瞧瞧，到底是具有威脅性的蛇，還是捕風捉影，自己嚇自己的繩子。

由上述可知：**情緒是獨立於理智之外**。「情緒腦」激發的是杏仁核產生直接的反應，目標在讓我們得以存活，是演化中所留下的保護機制，當情況不安全時，快速決定是要逃跑還是攻擊，這種直覺未受理智束縛，常會導致瞬間的情緒無法控制，比如厭惡、憤怒、恐懼、狂喜等。「認知腦」則多繞路經過大腦皮層的思考後才反應，反應時間雖然較慢，但能讓我們做出良好決策、幫助成長茁壯。

問題是這兩條路徑不一定會得出相同結論。就像我在點餐過程中，被大家盯著看，便開始手心冒汗、想快點結束點餐逃離窘迫。此時我「情緒腦」被激發，滿心想脫離這個不安全的狀態，那當下我不可能還保持自信、輕鬆自在、平等地與對方連結交談，不！「認知腦」被丟到一旁了！我學過的談判技巧完全派不上用場！我只是用原始的情緒來做反應與決策。心理學家丹尼爾·高曼把這種現象稱為「情緒綁架」。他認為此時「情緒系統壟斷大腦系統，讓人進入奮力求生模式。**情緒控制思緒**，比思緒控制情緒容易得多」。情緒綁架讓社交變得困難、也讓人變得難以溝通。

情緒綁架來自於過往記憶的觸發。就如同前面提過的負面心錨，當我們看到對方露出不屑的表情、搖頭嘆氣、皺眉，或是像我在點菜過程中被洽談對象緊盯著等我決定菜色，我們過往的記憶被觸發，造成制約反應，我開始聯想到小時候爸爸不耐煩地等待我的情況——我的「情緒腦」認得這個情境。它叫我快點決定、不要浪費權威對象的時間，即便我「認知腦」一再告訴我，我已經不是小時候的我，對方也不是我爸爸，我可以從容地點餐，讓對方等一下沒關係，但我的「情緒腦」已情緒綁架了我！讓我無法冷靜理智思考，那時候我的腦筋是一片空白。

看到了嗎？當我們處於「情緒腦」、陷入求生模式中，就不可能運用任何學過的協商技巧與人互動，空有一身密技卻一個也使不出來。這時候唯一要做的，就是安撫自己的情緒，保持緘默與平穩，等待「認知腦」掌控主導地位，使自己展現出最好的一面。

從慌亂中重新啟動認知腦

還記得「情緒腦」與「認知腦」兩者最大的差別，就是有沒有路過促進思考的「大腦皮質」？當大腦被情緒所掌控時，只要能幫助大腦激發皮質的運作，就能補給「認知腦」能量，壓下杏仁核觸發情緒的慌亂，用理智奪回大腦掌控權。一個激發大腦皮質很好的方法就是：找顏色！

方法一 找顏色轉移注意力

現在，抬起你的頭來看看周圍。沒錯，跟著我的指示，從書中抬起頭，找尋並指出你周遭所有「紅色」的東西。例如，目前我身邊紅色的物品有：掛在牆上的時鐘、滑鼠、衣服上的圖案……

當我們在找尋紅色的物品時，需要用到大腦皮質來思考辨識哪些東西屬於紅色、哪些不是，同時我們的注意力從擔心被罵犯錯，轉移到「哪裡有紅色物品」，情緒被其他注意力轉移、「情緒腦」逐漸消退，我們不再感到不安全。同時，大腦皮質在搜尋紅色物品中不斷被激發，主導冷靜理智的「認知腦」暖機熱身完畢，只等我們開口說話來正式啟動。

方法二 腹式呼吸法

「深呼吸～想像腹部有一顆氣球，慢慢吸氣，讓腹部的氣球鼓起來，再慢慢吐氣，讓腹部氣球消下去。很好，再來一次，直到感覺平靜。」這樣場景是否覺得熟悉？許多宗教團體常鼓勵打坐、冥想，甚至現在最夯的「正念」，皆強調將注意力專注於呼吸上，透過一吸一吐之間，獲得專注與平靜。問題是：為什麼如此簡單的深呼吸，帶來的效果這麼大？我說再多都不如你親自體驗。

- 急促呼吸：請試試看，一秒鐘之內完成一個吸吐的動作，重複十次。
- 腹式呼吸：再試試看，維持四秒都在吸氣，接著花八秒的時間，慢慢將氣吐出來，重複十次。

大部分人都反應，急促呼吸讓他們感覺比較緊繃、焦躁，腹式呼吸卻能安撫不安的情緒，讓他們逐漸平穩、放鬆。這是因為我們的情緒運作很奧妙，人們如何解讀一件事物，會誘發相對應的情緒，進而引發生理反應，例如，看到獅子，大腦會解讀成「危險！」因而感到害怕想逃走，呼吸開始變得急促。**相對地，生理反應也能反過來「欺騙」大腦如何解讀一件事物**，例如，我們剛跑完步回來，此時呼吸非常喘，恰巧看到路邊出現一個沒看過的生物「哥吉拉」，我們不知道「哥吉拉」這生物是否有危險，但我們的大腦偵測到我們的呼吸急促，認定這代表緊張的情緒，下達「快逃！哥吉拉是危險生物！」的指令。

「生理反應欺騙大腦」舒緩緊張情緒

一九八八年德國心理學家弗列茲．斯崔克為了證實「生理反應會回過頭來影響情緒的產生」，做了一個著名的實驗：

- 第一組將木棒橫放，用牙齒咬住，嘴巴為了咬住木棒，自然呈現出微笑的表情（左圖）。
- 第二組則用嘴唇含木棒，呈現無情緒的表情（右圖）。

他找了兩組受試者，請他們用嘴巴咬住木棒，維持這樣的姿勢看五則幽默漫畫，並為這五則幽默漫畫的好笑程度評分。猜哪一組覺得漫畫比較好笑？

答案是第一組（左圖）！當把木棒橫放時，為了咬住木棒，嘴部肌肉會呈現如同微笑時的姿態，微笑姿態「欺騙」了大腦，讓大腦錯誤解讀：「是因為漫畫好笑才呈現微笑姿態」。

回到一開始，深呼吸為什麼有這麼大的效用？當我們平靜、放鬆的時候，例如，睡覺打呼時，呼吸自然會比較沉穩，且會把氣吸到腹部；反之，當緊張恐懼的時候，呼吸不自覺會比較急促，只會把氣吸到胸口。善用「生理反應欺騙大腦」這點，當感到緊張、情緒被綁架的時候，只要透過深沉的腹式呼吸，深深吸氣，緩慢吐氣，即可欺騙大腦，誤以為你很冷靜，

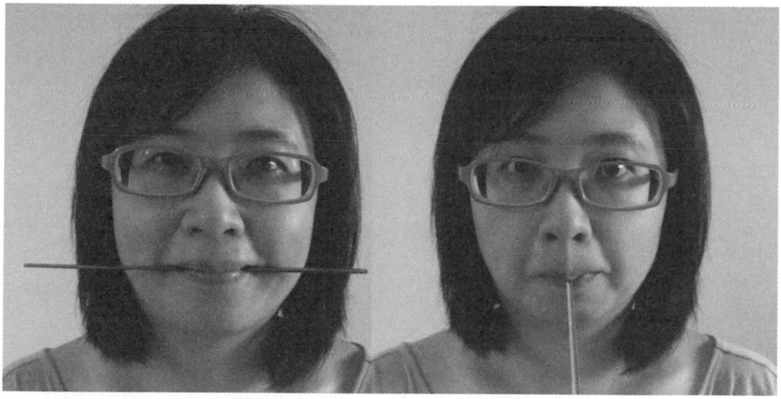

▲左圖用牙齒咬住木棒／右圖用嘴唇含木棒，猜猜哪一個覺得幽默漫畫比較好笑？

進而舒緩緊張的情緒。

「不要有情緒！」許多人都會這麼告誡自己。但從沒一個人真正成功過。忽略、壓抑情緒，只會增長情緒的力量，要自己不要緊張，只會變得更緊張。與其如此，不如接受「情緒的存在是很自然的、是可以的」、「理智與情緒是兩條不同的大腦路徑，因此，企圖用理智壓抑情緒是很困難的」，情緒雖然可以存在，但不代表會失控，只要懂得情緒在大腦中的運作原理，即可用科學的方法，幫助自己回復平穩，重新讓「理智」主導談話，使出談判密技，無往不利。

對付難搞的人，就找出對方真正的需求

你有發現「售」這個字，把上下拆開來看，其實是「住口」嗎？這點出說服的精髓——想說服人，首先得住口，唯有傾聽，才能了解對方隱藏在冰山底下的需求。哈佛談判專案中心創始人威廉・尤瑞教授認為，如果只能選一項，最重要的談判技巧就是**站在別人立場思考的能力**，談判是發揮影響力的活動，透過談判，我們試圖改變別人的心意，但事實上，**改變別人心意的第一步，正是搞懂對方的**

「售」這個字，把上下拆開來看，其實是「住口」！
你到底是想要賣我房子
還是單純要我住口
住
口

掃描 QR Code
聆聽本章內容

心思！

了解對方的需求並設法滿足

有一位銀行融資部的組長阿澤，在上司的指示下，借貸了五十億元給某家工廠老闆。過沒幾天，這家工廠宣布倒閉，銀行借貸的五十億無法回收，阿澤捅了個大婁子，害銀行面臨五十億的虧損，上司將一切過錯都推到阿澤身上，高層決策若阿澤無法在期限內向惡性倒閉、捲款潛逃的老闆要回五十億，他將被懲處，銀行員生涯在壯年期即得畫下句點、阿澤家中的妻小也將面臨無飯可吃的窘境。

阿澤得知，捲款潛逃的老闆有一位情婦。老闆將他戶頭的錢都轉入情婦帳戶並宣告自己破產。這位情婦是阿澤唯一的機會，如果他能說服情婦背叛老闆，將被老闆藏起來的款項交給阿澤，那麼阿澤就能追回五十億，功過相抵。

問題來了，阿澤要如何說服情婦為了一個陌生人的前途，背叛老闆？老闆可是會給情婦金援、讓情婦吃香喝辣，而阿澤能給情婦什麼好處？他們兩人在立場上是對立的，情婦百分之百站在老闆那邊、跟老闆同一國。

阿澤清楚知道，他沒有說服情婦幫他的籌碼。但阿澤思索著：為何一個年輕漂亮的小姐，要當一個糟老頭的情婦呢？很明顯，是為了錢。

但她為什麼需要錢呢？

經過縝密的調查，阿澤發現情婦需要錢是為了完成開美甲店的夢想。要開美甲店，需要先有一筆資金來租店面，想當然爾，年輕的情婦身上沒有足夠的錢可租得起黃金地段的店面。

但她畢竟是年輕人，尊嚴跟志氣還是有的。情婦曾想靠自己的力量來開店，在投靠老闆前，她曾嘗試向銀行申請貸款，卻被拒絕。銀行不看好她，認為貸款給她會虧損。走投無路之下，她才刻意靠近老闆、當起情婦，要老闆投資她、幫忙開店。

阿澤知道情婦的開店夢想後，立刻去找情婦，告訴情婦他了解女性想創業的艱難，以一個專業的銀行員評估，他相信情婦會是一個成功的創業者，阿澤願意幫助她申請銀行貸款，並鼓勵她不要依靠男人，因為男人會給你錢，也會突然把錢收回，只有自己掙來的，才是真正屬於自己的。

從頭到尾，阿澤沒有告訴情婦他的處境很艱難、沒有以受害人的身分告訴情婦，如果不幫忙他背叛老闆，他會丟掉工作、名譽損毀、一家人都得跟著挨餓受凍。阿澤清楚這些不關情婦的事情，保住工作，回收五十億，是阿澤的需求，不是情婦的需求。阿澤也清楚，世界上沒有永遠的敵人，也沒有永遠的朋友，只有利益是否一致。**要說服一個人，首要任務就是了解對方的需求、並設法滿足**。唯有這場交易對你想說服的對象有利，才可能成功。

如果你喜歡看日劇，應該會猜到這個「阿澤」其實就是「半澤直樹」。最後他有沒有成功說服情婦背叛老闆？當然有！透過情婦的幫忙，半澤直樹順利回收五十億，不但沒被懲處，反而受到高層賞識，前途一片光明。

阿澤透過「找出對方需求」的方法成功說服情婦幫他，這方法可以應用在職場中，也可以應用在人際衝突、協商談判、甚至情侶吵架或親子衝突中。

發生在你我身邊的例子

黃先生就是一個活生生的例子。黃先生是一位大學教授，大家都以為當教授很風光、很自由、不用打卡、沒有上下班時間，更沒有主管盯著你、還有一間個人辦公室，以及無數學生可以使喚。

「沒有上下班時間，不見得是好事。我覺得我醒著的每一刻都在上班，沒有一個下班時間做為區隔，告訴我要放下工作休息了。」黃先生說，他壓力其實很大，現在是助理教授的他，要在時限內拚升等，如果沒有發表足夠多的學術論文，他就得離開教職了。身為教授，很難再回去企業界工作。能否升等攸關他未來的職涯。

沒有上下班時間的黃教授，每晚都十二點才離開辦公室，若不是為了搭最後一班捷運，可能會更晚離開。每晚回到家，看著三歲的兒子已經熟睡，他雖然希望能有更多時間陪伴家人，但實在是心有餘而力不足了。

這天半夜，他開門回到家，孩子照舊已經睡了。整個客廳黑漆漆地，沙發上發出一縷藍光——是手機發出的光。手機的女主人以凶狠的眼神望向他，用極其壓抑卻快要爆發的語氣吼道：

「幾點了？又這麼晚回家！孩子已經幾天沒見到爸爸了？明明都生活在一個屋簷下，居然整整五天都沒看到爸爸，你說好今天要早點回家的不是嗎？工作很重要，家庭難道就不重要嗎？我沒有要求你很多，只是要你至少讓孩子能三天見到爸爸一次，早點回家陪孩子玩一下，這樣很難嗎？我也有工作，為什麼都是我在為家庭犧牲？孩子是我一個人的嗎？」

黃先生有兩個選擇。第一個選擇是吼回去，然後，甩門而去，如此婚姻肯定岌岌可危。雖然黃先生「情緒腦」很想直接吼回去——吼一吼多爽啊！把工作的不順、一回家就被罵的委屈都發洩出來，還可以證明自己沒錯、錯的是太太的不懂事。但黃先生知道，這麼做會在他們的婚姻中劃下一道傷疤，永遠留在太太的心頭，事後不知道得花多少時間安撫她，還是不要貪圖一時情緒的爽快好了。

「趕快來找找黃色的東西！」黃先生透過找顏色，同時輔以深呼吸，幫助召喚出「認知腦」，讓自己冷靜下來。

黃先生準備好跟太太好好地談，但他發現太太還在抓狂狀態，根本無法談。太太只想著要罵他，黃先生只要說一句話，太太就罵十句回來，黃先生懷疑太太到底知不知道自己在說些什麼，太太的話完全沒有邏輯，根本是無理取鬧。

應付在氣頭上的人該怎麼做？

黃太太被「情緒腦」所掌控，進入奮力求生的模式中，此時，若黃先生告訴太太：

「妳冷靜一點，孩子還在睡覺，不要吵醒孩子，我們坐下來好好談。」

以上說法絕對會刺激黃太太更加抓狂、覺得被黃先生指責攻擊，再回擊道：

「我很冷靜！你不要又在那高人一等的說我不冷靜！」

面對一個已經被「情緒腦」掌控的人，說理是沒用的。黃先生需要不露痕跡地幫太太冷靜下來，但又不能說出口叫太太冷靜，他該怎麼做呢？

方法一 摘要對方說的話

人在情緒上、被「情緒腦」主宰時，是無法真正聽進對方說話的。**大家都只想努力表達自己，要對方聽懂自己說的話**。所以在爭吵時，大家都搶著說，但沒人要停下來傾聽。這時候，對方唯一能聽進去的話，就是**自己說的話**。根據研究：

人類的口語輸出有百分之三十至四十投注於自我揭露。在臉書或IG等社群媒體更高達百分之八十，談論自己會促進多巴胺分泌，帶來愉悅感。研究顯示人們甚至願意付錢來獲取表達意見的特權。

當我們摘要對方說的話時，對方大腦會分泌快樂激素多巴胺，同時覺得被聽見了，不用再努力表達、用力嘶吼，擔心你沒聽見他說的，讓情緒逐漸平緩下來。

另一方面，當我們摘要對方說的話時，同時是在跟對方核對「我所聽到的、理解的，跟對方想表達的是否一樣」，對方需要停下來思考，我們摘要的是他說的重點嗎？有沒有什麼重點我們漏講了，他要趕快補充。

賓果！當對方思考時，「認知腦」就被我們引導啟動了！

在我談判心理課中，許多人一開始不知道如何摘要對方說的話。其實這很簡單，你就想像求學時代在考試前，聽老師講課畫重點，老師說了一堆話，我們會把關鍵字或老師語氣加強、不斷重複提到的字眼畫下重點對吧？用同樣的方法去摘要對方說的話就可以了。

「如果我畫不對重點，被評不及格怎麼辦？對方會不會更生氣？」很多人會有這層擔心。

根據我當心理師的專業經驗，當我們願意去摘要對方說的話時，對方可以感受到我們願意理解對方的這層心意，光這份心意就足以讓對方情緒穩定下來、減少對我們的攻擊。當我們有些地方摘要錯誤時，對方會糾正，此時只要聽就好，千萬不要回過頭來指責對方：「你剛剛不是這樣說啊！是你沒說清楚不是我理解錯誤！」，這只會再次激發對方的情緒腦，擴大戰火。

方法二 說出對方的情緒

在我們的直覺中，當對方情緒激動時，我們總是習慣讓自己更冷靜，來抵銷對方的情緒，試圖影響對方跟著冷靜下來。

但這麼做根本沒用。

在我輔導情侶協談的過程中，我發現大部分的人，看到另一半越冷靜，自己只會越抓狂。如果對方跟著自己抓狂，感覺比較好受——原來不是只有自己覺得痛苦，對方跟我一樣痛苦。如果對方很冷靜，會讓自己看起來像個瘋子，同時覺得對方根本完全不懂自己為什麼這麼抓狂，於是，只好用更抓狂的方式繼續表達，希望另一半可以理解自己的痛苦。

情緒腦被激發，大多是沒有被認可、被接納、被傾聽而導致的後果。一旦我們辨識並說出對方的情緒、幫助對方表達出他內在的恐懼、焦慮、不安，對方就不需要再用不良行為來要脅、權力鬥爭。人在情緒中常常會說出很多無理的話、提出很多無理的要求，但這只是冰山表面的行為，這些要求的背後，是因為冰山底下的深層情緒被引發，我們真正要安撫的是這些深層的不安、恐懼、擔憂，而不是與對方提出的表面要求進行爭論。

特別要注意的是，當我們在說出對方情緒時，要把自己想像成一面鏡子，我們就是單純的映照出對方的情緒狀態讓對方看見，但不要去評論對方的情緒是「應該、不應該、好的、壞的」。情緒本身沒有

• 薩提爾的「冰山理論」

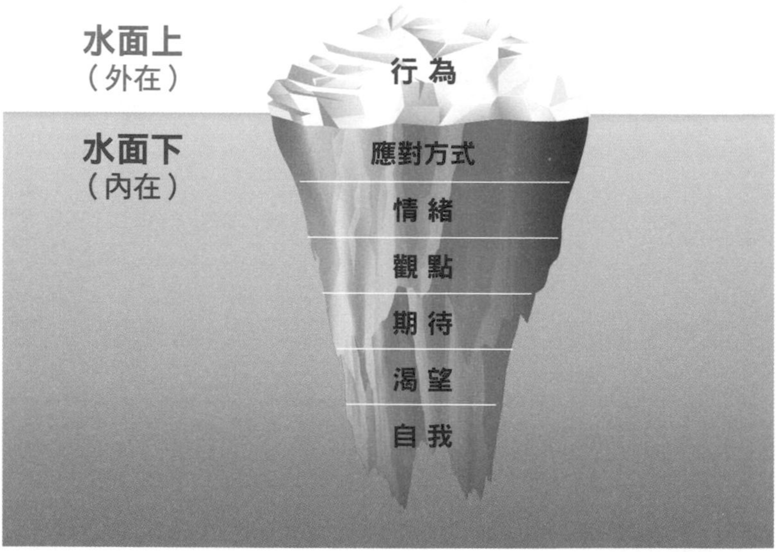

對錯，是我們的主觀評斷將情緒區分為「好」跟「壞」。主觀評斷只會更激怒對方、覺得我們不允許他存在負面情緒。當我們如實地、不帶評價地說出對方的情緒，反而會讓對方有種被接納、被理解的安全感，因為任何人都渴望有人可以懂自己。

在做這個練習的時候，尤其男性學員，對於猜測並說出對方情緒狀態很容易有障礙。這可能是因為在華人受教育的過程中，男性情緒是比較常被教導要壓抑，造成男性對情緒的陌生。但別擔心，只要練習一兩次，就會慢慢上手。下頁的情緒臉譜是大家可以參考的情緒字彙庫，建議將此情緒認知臉譜放在隨手可得的位置，當說不出對方的情緒狀態時，趕緊看著情緒認知臉譜，從中選一個情緒說出來。

很多人都會擔心說錯對方的情緒狀態，即便受過訓練的心理師，也不見得可以百分百每次都說中對方隱藏起來的深層情緒，更別說沒受過專業諮商輔導訓練的一般人。

說錯對方的情緒狀態是很正常的，這招的威力之處，也不在於要說中對方的情緒狀態，真正的重點在於「你願意說出對方情緒，代表你願意努力去理解對方內在到底怎麼了」，重點是做出**「嘗試去理解」**的行為，對方就會感受到很大的接納與尊重。

我們無法和感受爭論，或試圖消滅對方明明存在的感受，但我們可以承認對方感受的存

• 情緒認知臉譜圖

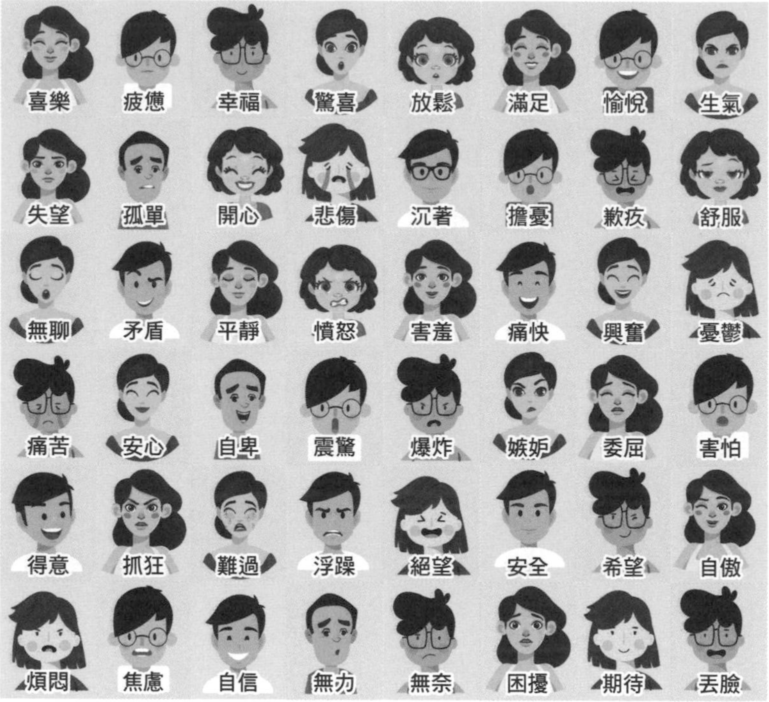
喜樂
疲憊
幸福
驚喜
放鬆
滿足
愉悅
生氣
失望
孤單
開心
悲傷
沉著
擔憂
歉疚
舒服
無聊
矛盾
平靜
憤怒
害羞
痛快
興奮
憂鬱
痛苦
安心
自卑
震驚
爆炸
嫉妒
委屈
害怕
得意
抓狂
難過
浮躁
絕望
安全
希望
自傲
煩悶
焦慮
自信
無力
無奈
困擾
期待
丟臉

在，指出感受，讓感受現身，當我們表達對於對方現有情緒的重視之意，指名、理解並轉變對方的困境，對方就不需要再用那麼冷漠、疏遠、恐懼、憤怒的方式來表達，而是會變得更有同情心，也比較願意開放自己去理解、傾聽你說的話。你們會成為彼此的盟友而非敵人，自然可以放下奮力求生的情緒腦。

方法三　猜對方的需求

所有的協商說到底，就是一場「發現並滿足對方需求」的遊戲。我們都希望對方聽自己的、對方也希望聽他的，協商很容易陷入僵局、互相角力。唯有站在對方立場、認真傾聽對方的需求是什麼，努力幫助對方想解決辦法來滿足他的需求，協商出來的結果才會最牢不可破，對方也才會守承諾去執行這個能夠滿足他需求的方案。

我們的目標是跟對方一起想出滿足他需求的解決方案，最好這個解決方案同時也滿足我們的需求。問對方：

- 你想要什麼？

- 我能幫什麼忙？
- 我們彼此可以做些什麼讓事情改善？

如果對方說不出來他真正的需求是什麼，我們就用猜的，對方自然會去糾正我們猜錯的地方，透過這樣的溝通，就可以清楚了解對方真正的內在深層需求為何。清楚明白對方的需求，才能評估自己手上有多少籌碼、該如何協商、說服對方。怕就怕許多人吵了半天，卻連對方到底要什麼都不知道，這樣的吵架絕對不是溝通，只是浪費時間。

上例中，黃太太「要求」黃先生要早點回家陪小孩，若黃先生只聽到表面的要求，開始與黃太太爭論起他沒辦法早點回家、工作就是這麼多，指責太太不懂事、不貼心，兩個人只會陷入爭吵中，無法討論出建設性的方案。

其實黃太太心中，不是真的在意先生晚回家，她真正在意的是，她覺得孩子都是她一個人在照顧，這種「不公平」感才是引發黃太太憤怒的元凶。針對黃太太「要公平」的需求，黃先生可以跟她討論，如果平日妳允許我工作到很晚，假日我願意好好帶孩子讓妳休息，妳也可以跟姊妹去聚會，我一個人帶孩子就好，這樣妳會覺得比較公平嗎？或是該我帶孩子的時間，我如果沒空，我用自己的零用錢請保母來帶孩子，這樣妳會覺得比較舒心嗎？黃先生在滿足太太覺得公平的需求，與自己平日要努力工作的需求下，找出一個滿足彼此需求的創意對策，獲得皆大歡喜的結果。

對付難搞的人，強硬地逼迫對方聽你的話，不僅很難成功，且總有一天會造成反撲。說服的重點不在於試圖改變他人——我們很清楚這麼做只會更強化對方的不良行為。唯有重視對方的情緒，理解對方的需求，腦力激盪找出滿足彼此需求的創意對策，說服才有可能發生。

克服心魔，放下自己的立場

你覺得上述的方法難嗎？只要在意見分歧時，摘要對方說的話，隨便亂猜對方情緒，猜錯也沒差，再隨便亂猜對方需求，猜不對就算了，反正對方會糾正，然後再想辦法跟對方討論出一個滿足彼此需求的解決方法，就可以輕而易舉地說服對方聽你的話。

大部分學員在談判心理課中練習一、兩遍，就可以完美掌握技巧。但所有學員都表示在衝突中很難做到！因為忍不下那口氣。就如同學員小張所說：「為什麼衝突時，我要一直站在對

▲圖一你看到的是老婦還是少女？

▲圖二你看到杯子或人臉？如果你將注意力放在有色的部分，會看到兩張人臉，如果你將注意力放在白色的部分，會看到一個類似杯子的容器。

▲圖三你看到的是一張臉，還是兩張臉？

▲圖四你看到的是鴨子還兔子？

方立場、幫他想解決辦法？為什麼不是他站在我的立場，幫我想出滿足我需求的解決辦法？」

這時候，我只要秀出以下幾張圖給學員們看，大家就明白為什麼忍下這口氣，在協商中是如此重要。

上頁圖形是心理學中常用的圖，旨在告訴我們，我們看到的世界，是根據自己的興趣和需要，將注意力放在某些知覺上，而忽略其他部分。就像當衝突發生時，我們很常看到彼此明明在講同一件事情，卻似乎雞同鴨講，那是因為彼此關注的焦點不一樣，就如同其圖一，你或許看到的是老婦，對方卻說他看到的是少女。你一直否認他怎麼會看到少女、說他莫名其妙是無濟於事的，殊不知，他才覺得你莫名其妙！少女這麼明顯難道看不出來嗎？

於是，我們得停下來，詢問對方是如何看到少女的，了解對方關注的焦點在哪裡，請他指著輪廓，讓我看明白他的世界，才恍然大悟，原來他是用這樣的角度跟觀點來解讀事情，也才有辦法讓對方明白，我們看到的圖跟他看到的不一樣。

「啊！原來你在意的是這個！」你說。

「啊！原來你看到的世界樣貌跟我完全不一樣！」對方說。

知道彼此關注的焦點，才有機會明白對方的世界，從中找到擊破點。英國研究家尼爾・瑞克門和約翰・卡萊爾，觀察一個由五十一名人員所組成卓越談判能力小組的真實談判情況後，將他們的做法和平庸組談判代表相比較，得出以下差異：優秀的談判組花了百分之三十八・五的時間複述與提問，確認對方的需求為何，而平庸的談判代表只花了百分之十八停下來傾聽、複述與提問對方需求。

換位思考帶來轉機

以下是一個真實案例，透過挖掘隱藏在冰山底下的需求，成功化解開除員工的緊繃、對立情勢。有一家新創公司，老闆想要解聘某位員工，因為這位員工對於老闆交代的工作，無法做到令老闆滿意。當老闆嘗試跟員工談離職時，兩人陷入僵局。員工非常受傷、抗拒，對這位員工來說，加入新創公司，一起努力奮鬥創業，一直是他的夢想，他願意得到極少的薪水、付出極大的勞力，只求繼續待在這家公司中。但對老闆而言，同樣的薪水，他可以聘僱到更優秀的人才，老闆不是經營慈善企業，在新創階段每一分錢都要花得最有價值。老闆無法因為員工的夢想，繼續留著不適任的人，冒著拖累新創公司的風險。

一開始，他們各自站在自己的立場、各持己見。眼看關係即將破裂，甚至不排除鬧上法庭。老闆試盡各種方法，好說歹說，都無法勸退員工離職。無奈之下，老闆只好開始站在對方的立場，試圖理解員工的世界。老闆開始發現，對這位員工而言，跟著團隊一起打拼，創立一家公司是他的夢想沒錯，但現實敵不過理想，這位員工有個即將出生的孩子，身為父親，自然希望帶給孩子衣食無缺的生活。就算這位員工為了夢想，心一狠願意讓孩子多受點罪，活得艱辛一點，別忘了，員工還有老婆啊！他老婆願意讓孩子受罪嗎？

於是，老闆站在員工的立場，以同理的態度跟員工說：「我可以理解你想創業的夢想，但我同時知道你有個即將出世的孩子，我是過來人，我知道創業很艱辛，付出很多時間心力，得到的回報卻很少，這段期間你可能養不起家人，甚至如果我們創業失敗，還可能賠錢！你要不要找你老婆討論看看這件事？畢竟這攸關你們一家三口的人生。」

這是首次員工願意軟化態度，認真考慮是否離職，也是他們談話首次獲得突破性進展的轉捩點。如果你的尊嚴比達成目標重要，那你可以繼續依循舊有的模式。但如果你談話的目標是想要說服對方達成共識，在試了舊的方法後，仍然沒有進展，不妨試著先放下自己的觀點，轉換立場，從對方角度思考對方的需求與困難為何，找出解決彼此需求的創意對策，或許能為協商帶來一線轉機。

快速辨識對方是哪類人

「你現在還要陪嫁嗎？」大家緊盯著爸爸。我吞了吞口水，緊張地等待爸爸的答案。

「不嫁了！我沒辦法跟她一起生活！」爸爸驚恐地說著，手連忙擺出拒絕的姿勢。

沒錯，我就是那個被爸爸說無法一起生活的女兒。在我小時候，爸爸老說如果我哪天結婚，他會太捨不得，只好把自己當陪嫁，一起過去跟我生活。

但現在他竟然說沒辦法跟我一起生活？

「對，我絕不跟妳一起生活。我會被妳毒死。」爸爸斬釘截鐵地說。

「我不過是幫你打芭樂汁的時候，加了一小片情人果進去，以表前世情人之情，順便增加果汁的風味，有這麼嚴重嗎？」我超委屈地抗議著。

「那能喝嗎？妳老是搞些創意料理來整我！芭樂汁就是只能有芭樂、糖跟水，懂不懂？不准出現其他的水果在裡面，我還忘不了妳上次幫我煮拿鐵咖啡，竟然給我把布丁加在裡面，簡直糟蹋我的咖啡豆。」我爸一副受虐兒的樣子，好像我做了什麼十惡不赦的事。

「拜託！你老喝一樣的東西多無聊啊！有點創意改變一下不是很好嗎？而且明明超好喝！你都不知道，我上次煮湯給你喝的時候，我也偷偷加了一堆東西，只是沒跟你說而已，你還不是喝的很開心！」我翻了翻白眼地說著。

「我們不合！」我和爸爸異口同聲地得出這個結論。

各位讀者應該很明顯看出，我跟我爸爸的個性很不一樣。我喜歡創新、改變，我爸爸喜歡傳統、守舊。這種個性上的南轅北轍，發生在家庭裡面或許無傷大雅，頂多各吃各的就好。

但如果發生在職場中呢？

● 我的新發明：布丁咖啡拿鐵

溝通前要先弄懂對方的個性

如果我們的個性跟上司的個性差異很大，我們總是提出一些新的提案想改變現狀，上司卻極度守舊，導致我們的提案總是被否決掉，難免感到灰心喪志。又或是我們是個性很謹慎的人，在報告提案的時候，會說明很多細節，希望上司通盤了解，沒想到上司卻不耐煩地叫我們講重點就好，完全無視我們的細心，是否會覺得受到打擊？於是，我們學會了報告事項的時候講摘要就好。可怎麼跟其他人溝通的時候，我們講摘要又被說講得不清不楚、說我們太混資料不齊全，到底該怎麼做才對？每個人都有不同的意見。

這是因為每個人的個性不同。說服的方式也隨之不一樣。很多人以為，溝通，是「我說你聽」，接著「你說我聽」，彼此輪流。我說，這不叫溝通，這叫「一個議題，各自表述！」。**所謂溝通，應該是要先辨識對方的個性，了解該如何表達，準確發揮言語的影響力，誘導對方有了聽的意願，你才有說服的機會。**

人格五因素論

「人格五因素論」是心理學家透過大量問卷調查，使用統計「因素分析」的方法，抽取出每個人身上都具備的五種人格向度，且這五種人格向度適用於全世界的人種，分別是：

- 開放性（Openness）：此特質反應我們如何面對新事物的態度。開放性高的人喜歡新奇、冒險與改變（例如：我）；開放性低的人則守舊、傳統，一成不變的生活對他們來說比較有安全感（例如：我爸爸）。
- 嚴謹性（Conscientiousness）：當我們規畫一項任務要完成時，嚴謹性高的人會將任務分割成小步驟、評估自己的能力及時間，按部就班完成，對於細節的處理也不馬虎；謹慎性低的人，則偏好大想法與大策略，不喜愛太過細節的規畫。
- 外向性（Extraversion）：當面對他人的時候，外向性高的人喜歡與人交談、精力充沛；外向性低的人則比較喜愛獨處，甚至跟人相處的時候容易覺得疲憊或緊張。
- 友善性（Agreeableness）：當與人合作的時候，友善性高的人會讓人覺得比較容易相處、比較有同理心，也比較關注他人需求；友善性低的人，則比較忽略關係，理智的分析問題，甚至當面提出質疑。

• 神經質（Neuroticism）：這項特質顯示人的情緒穩定度。神經質高的人，容易擔憂，情緒起伏較大；神經質低的人，不管面對任何情境，情緒起伏都相對較小，給人一種「臨危不亂」的感覺。

對症下藥，以達成目的

以下說明如何運用人格五因素辨識出對方個性，進而對症下藥，達成說服對方的目的。

一、開放性人格

想像某位你最近協商過的對象，或是某次協商特別困難的對象，下列哪些描述符合對方？

• 開放性程度高的人會：

A 充滿好奇心。

B喜歡嘗試新事物。

C勇於冒險。

D有點不切實際。

- 開放性程度低的人會：

A遵循舊例與習慣。

B思想較為保守、沒彈性。

C重視傳統。

D很務實、資料導向。

根據上述回答，判斷這位對象在開放性的高低落於線條中的哪個位置？

開放性低 ←-----→ 開放性高

如果我們協商的對象，是個開放性高的人，在協商的時候，要把焦點放在「創新、改變」

的部分，讓他看到我們的提議，會帶來哪些不同的光景，這會讓他充滿期待與興奮，例如：「我們這項產品，用最新技術開發出來的軟體來運作，讓大家不用開修圖軟體，直接拍照直接上傳。我們還增加了很多新功能，讓你的照片拍出屬於自己獨一無二的風格！」。

但若對方是開放性較低的人，切記，要先描述「沒有改變」的部分，讓他們心裡保有安全感跟熟悉感，再針對創新、改變的部分，提出具有邏輯與根據的論述，清楚說明操作步驟的簡易度，幫助對方克服心理上的抗拒感，更願意嘗試新事物。例如：「這項產品使用很簡單，跟舊有的手機拍照方式一模一樣，唯一的差別是系統內建修圖軟體，讓你用舊的方式拍照，就能獲得更精美的圖像。使用者體驗過後都覺得輕易好上手，基本上不用刻意花心力去學習怎麼操作。」

二、嚴謹性人格

想像某位你最近協商過的對象，或是某次協商特別困難的對象，下列哪些描述符合對方？

- 嚴謹性程度高的人會：

A 規畫什麼時候該完成什麼。

B 完美主義。

C 做事有條有理、注重細節。

D 控制欲較強。

• 嚴謹性程度低的人會：

A 做事有彈性。

B 不拘小節。

C 不喜歡預先計畫或被時間束縛。

D 有時給人馬虎、不可靠的感覺。

根據上述回答，判斷這位對象在嚴謹性的高低落於線條中的哪個位置？

嚴謹性高的人，喜歡凡事做好萬全準備、事情按部就班地完成，不喜歡急就章或拖到最後一秒才完成。通常他們比較不會遲到，需要繳交的資料，期待在清楚的時間界線內繳交完成。許多嚴謹性高的人，會無法忍受下屬或合作對象不按照規畫完成每個階段該做好的任務，若合作對象總是粗心大意，很可能破壞他們對合作對象的信任關係，在心中低估合作對象的價值。

跟嚴謹性高的人協商時，要多講述細節，同時做好會被問很多問題的心理準備。當我們提案時，資料一定要準備充足，告訴對方：「針對我們的營運目標，我分為短中長三個階段，每個階段具體該如何操作、需要花多久的時間、經費、人力，我都清楚預估出來，資料在這裡，我們可以先一起把資料全部看過，有疑慮的地方歡迎提出來，我會一一回答您。」

但若我們協商對象是嚴謹性低的人，記住一句話：「**說太多等於沒說**」。他根本懶得看這些密密麻麻的資料，也懶得聽我們詳細解說，同時顯得很焦躁不耐煩。嚴謹性低的人，只要知道大方向就好，細部細節的運作，他相信我們自己會處理好，不需要什麼都向他匯報。此時我們就可以這樣說：「我預計的營運目標分為短中長期，分別是……，這樣的目標您覺得可以嗎？」，對方如果有進一步想知道的資訊自會提問，不用鉅細靡遺地先自己說完。

三、外向性人格

想像某位你最近協商過的對象，或是某次協商特別困難的對象，下列哪些描述符合對方？

• 外向性程度高的人會：

A 勇於表達自己的意見。

B 給人健談的感覺，通常會主動認識他人。

C 看起來精力充沛、有活力。

D 似乎不甘寂寞。

• 外向性程度低的人會：

A 喜歡獨處、重視隱私。

B 跟太多人待在一起會顯得筋疲力竭。

C 害羞拘謹。

D 給人感覺較為冷漠。

根據上述回答，判斷這位對象在外向性的高低落於線條中的哪個位置？

外向性高的人，當在面對一項提案的時候，他們思考這項提案是否通過的方式，是透過傾聽「社會認同」，即團體中的其他人怎麼想？他們會期待能夠直接把提案丟到會議中，讓大家集思廣益地來討論。因此你可以直接發開會邀請函給相關人，在會議中提出：「針對這個新提案，大家有什麼想法？想到就說，我們寫在白板上，再一一討論後進行表決。」

但對外向性低的內向者而言，他們不喜歡現場即問即答，他們需要一個人靜一靜，好好思索這提案的利弊得失，以及釐清自己的想法為何，等想清楚了，再來跟大家討論。因此直接在會議中發表你的提案並要大家進行表決，內向者可能不會表態，甚至會覺得被冒犯，生氣沒有給他足夠思考的時間。對內向者來說，給他們一些時間思考，在期限內透過網路進行私下的投票表決，反而能促進他們表達自己內在真實的聲音。

四、友善性人格

想像某位你最近協商過的對象，或是某次協商特別困難的對象，下列哪些描述符合對方？

- 友善性程度高的人會：

A 隨和好相處。

B 信任他人、善於合作。

C 照顧他人需求。

D 看起來好欺負。

- 友善性程度低的人會：

A 防衛性高，容易陰謀論。

B 較難團隊合作。

C 善於拒絕他人請求。

D 好勝心高。

根據上述回答，判斷這位對象在友善性的高低落於線條中的哪個位置？

不知道你是否遇過這樣的狀況，有時候我們在開會中某項提議通過，長官也沒特別提出反對的意見。我們以為提案會順利執行，但長官卻私下把我們叫過去，很委婉地告訴我們這項提案要多想想。我們表面答應，心裡卻很不解：「那他開會的時候幹嘛不當面提出他的想法，事後才反悔是在找碴嗎？」

其實，會發生這樣的狀況，很可能代表這位長官是友善性特質較高的人。友善性高的人，會擔心在眾人面前拒絕你，可能引發衝突，或是給你難堪，因此當場即便內心不贊同，也不會表現出來。

當要說服的對象是友善性較高的人，我們得在對話過程中，不斷停下來詢問對方的意思，讓對方知道我們很願意聽取對方的想法跟意見，如果有什麼顧慮也放心提出來，我們不會覺得被冒犯。

唯有如此，才能在對談中，了解對方的期待與需求是什麼、該如何達成共識。否則很容易變成花了很多時間談，但只有我們不斷說自己的想法，對方好像同意，但後續卻又沒什麼動作，我們完全搞不懂對方到底要幹嘛，似乎對談只是浪費彼此的時間。

若評估出對方友善性比較低，我們很可能會感受在說服對方的過程中，感覺對方似乎對我們很有意見，開口說沒幾句話，就遭受對方的質疑，不禁懷疑對方根本沒誠意要跟我們談，甚至引發情緒，製造對立、緊張的氛圍，影響談判。

其實這只是友善性低的人的特性，他們不是故意針對我們，而是習慣對任何說詞保持懷疑的態度，除非能夠有證據來說服他。在與友善性較低的人對話時，記得事先準備好充分的資料，向對方提出的每個要求背後，要有邏輯與根據，對方會比較信服。另外，若談話一直被打斷，每講一句話，就要被審問一次，我們可以友善的告訴對方：「謝謝你的提問，這個問題很重要。我會先一次把簡報說完，留下時間好好回應你的問題。這樣我們比較能針對你提出的問題進行充分討論。」避免自己的情緒被激發，無法用理智作決策。

五、神經質人格

想像某位你最近協商過的對象，或是某次協商特別困難的對象，下列哪些描述符合對方？

- 神經質程度高的人會：
A 對情緒敏銳。
B 較易擔憂。
C 看起來悶悶不樂有心事。
D 情緒起伏波動大。

- 神經質程度低的人會：
A 情緒穩定。
B 臨危不亂、沉著冷靜。

C 認為事情總會解決不用擔心。

D 讓人感覺淡漠、不在意。

根據上述回答，判斷這位對象在神經質的高低落於線條中的哪個位置？

神經質高的人，具有「悲觀型防禦」的特徵，他們對事情會做最壞的打算，容易過度擔憂。面對高神經質的人，我們千萬不要一直否定他的擔心，或是告訴他想太多，我們越這麼說，他會越擔心，企圖影響我們，增加我們的擔心指數，他才會比較安心。

因此降低他們擔憂的方式，就是讓他們感覺「我比你更擔心！」，即便我們一點也不擔心，也要表現出很擔心的樣子，再提出針對每一項擔憂，提供一些可行的解決方法。這會讓對方覺得我們超可靠，可以放心交給我們全權處理。對高神經質的人提案時，要說：「針對這個提案，可能發生哪些不好的結果，我都想過了，也針對每一種結果，準備好相關的預防措施。

如果有任何意外發生，我們也事先準備好一筆應急用的資金以備不時之需。」

但面對神經質低的人，我們提出太多假設性的擔憂，他們反而會覺得我們想太多、裹足不前。只要針對現行問題，提出解決方案，讓他們知道我們有在處理即可。面對神經質低的人，要把自己的過度擔憂收起來，我們講再多，神經質低的人也不會在意我們的擔憂，這只會讓我們越講越不安，我們的不安造成對方的不舒服，反而讓對方想逃離我們。花時間安撫自己的情緒，是我們自己的責任，不是協商對象的責任。對神經質低的人提案時，只需說：「對於這個提案可能引發的後果，我們有充足的能力去因應，請您放心！」

世界上每個人，都有著獨一無二的個性。這是因為這樣，人才有趣。但也因為這樣，人與人之間的相處，有時候會變得很困難。溝通，最大的原則，就是要尊重對方，不要以為世界上所有人，都跟自己有著一樣的個性跟想法，如此本位主義的溝通法，是造成溝通失敗的主因之一。尊重別人有著專屬於他們的獨特個性，透過心理學精準統計分析而來的「人格五因素論」，學習速讀他人人格的方式，迎合對方的個性，用對方能夠吸收、接受的方式來表達，才能發揮言語的影響力，大幅領先其他用「本位主義法」來協商的人。

該著重利益還是關係？

不知道大家記不記得，有一陣子士林夜市的水果攤，或墾丁大街的滷味攤，很常上電視新聞，不是因為好吃，是因為賣得太貴。店家想大賺觀光財，卻反讓自己生意變差。

為什麼會這樣？難道是店家的策略哪裡出了問題？

其實觀光地小吃的價格拉到天價高，全世界的攤販都會這麼做，畢竟有錢誰不想賺。但為什麼國外的攤販不會引起民怨？

我發現國外許多觀光地的攤販，不會明示標價，因為同個產品，他們分為「本地人價」、「歐美觀光客價」、「亞洲觀光客價」。如果店家想做本地人的生意，價格不能高於「市場平均價」太多，不然本地人會覺得你竟然坑他，很傷感情，以後絕不會再光顧這家店，還會讓你上新聞，這下可好，全台灣民眾都知道這家店很貴不要去買。然而，一家店能否撐得久，看得是「回頭客」高不高，而非「新客」多寡。

掃描 QR Code
聆聽本章內容

穩定回頭客注重「關係建立」

因此如果我是店家，當我判斷這次上門的顧客是本地人時，我會將焦點放在跟顧客之間「關係的建立」，比如看到對方是學生，我會說：「哎呀～學生出門在外讀書，比較少吃水果，阿姨多送你一點水果喔，這樣比較健康。」讓學生顧客跟我這位水果攤老闆娘之間，建立有如家人般的連結，學生看到我這位阿姨，就會想到媽媽對他無微不至的照顧。往後，當學生想到媽媽的時候，就會來我這裡買水果；當他沮喪的時候，也會想來我這裡買水果，順帶獲得關心。即便我的水果品質偶爾沒維持住，我相信這位學生顧客一定會原諒我，持續來我的店購買水果。我成功利用「關係的建立」穩固了「回頭客」的族群，確保我的店能開的長久，而且不會被嫌貴上新聞！

單次交易以「利益為中心」

然而我畢竟是商人，有觀光財幹嘛不賺！如果對象是歐美觀光客，我會如同新聞般，用天價賣他們食物。一來，歐美的幣值比台灣大的多，即便我開出天價，對他們而言也還算很便宜。二來，店家跟歐美觀光客是屬於「單次交易」，他們或許這輩子就來一次台灣，跟他們關係建立的再好，他們也不會再次光顧，不如把目標放在「利益」——訂高價格大賺一筆！

但如果今日的顧客是「亞洲觀光客」，台灣的物價對他們而言，不算便宜太多。我若把產品價格訂到天價高，可能會嚇壞他們、馬上走人。因此我的價格會略高於市場平均價，在他們可以接受的範圍內，買我的產品。

看到這裡，相信聰明的讀者了解，**世界上的交易分為兩種類型。如果我們打算做長久的生意，得秉持「以關係為中心」的原則。但如果我們與對方**

• 談判皆分為兩種類型：以利益或關係為中心

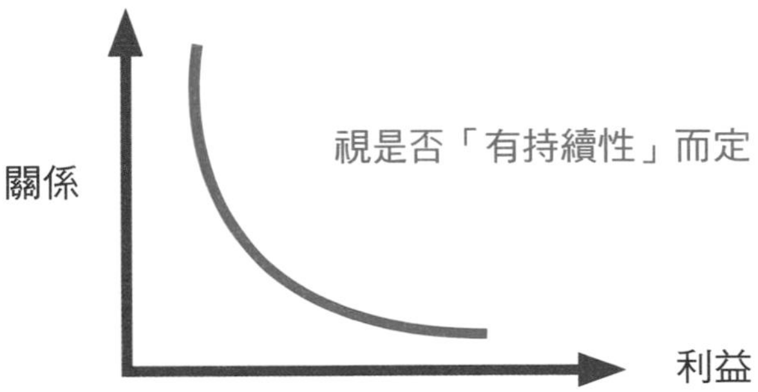

的合作關係是一次性的，那麼秉持「以利益為中心」的原則對我們而言獲利會比較大。

在生活中，大多數與人互動的關係，比較少是一次性的。尤其在商場上，樹立的敵人越少越好，畢竟我們不知道，往後會不會需要再次跟對方合作。這也是為什麼，所有談判的理論，比起技術，都越來越著重於關係的建立。尤其華人有一句話叫作：「有關係就是沒關係」，但，建立關係真的這麼重要嗎？

讓陌生人視你為「自己人」

根據腦神經科學家的研究發現，「自我」與「關係親近的他人」這兩個概念的心理表徵，在大腦內屬於同一個迴路，啟動之一會激發另一個概念的神經，造成兩種身分認同界線變得模糊。

例如，從下頁圖的圖示中，我們可以看出，關係中的親近他人有家人、朋友、愛人，這些代表親近他人的節點，竟然跟代表「自我」的節點互相串連起來，形成一個網絡。因此，當我

•「自我」與「關係親近的他人」，在大腦內屬於同一個迴路

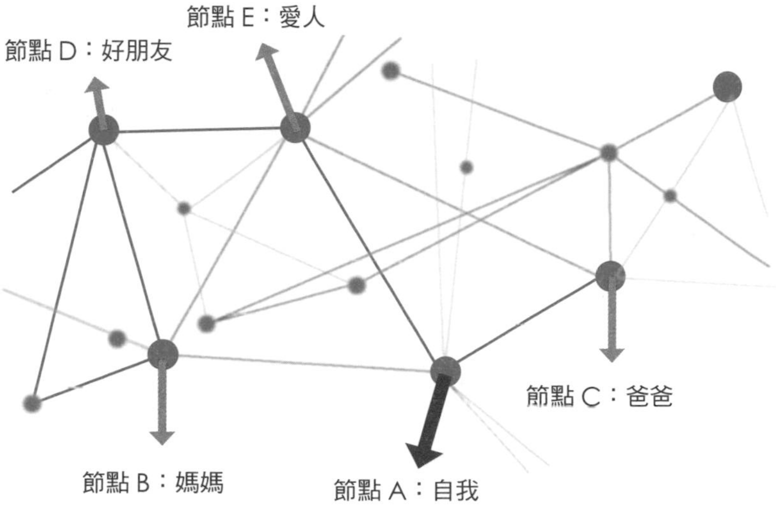

聽到媽媽發生行車糾紛，被人欺負的時候，腦中代表「媽媽」的節點B會亮起來，同時牽動代表「自我」的節點A也會一起亮起來。以腦神經科學的角度來說，節點網絡間的彼此牽動，導致我會認為媽媽被欺負，如同我自己被欺負一般，我會放下手邊的事情、犧牲自己的時間，協助媽媽處理事情。

換句話說，只要跟陌生人建立足夠好的關係，讓陌生人視你為關係中的「自己人」時，陌生人就會願意犧牲利益、為你赴湯蹈火在所不辭。

問題來了，要如何在短時間內跟陌生人建立如同家人般的關係呢？還記得

前面提到「善用正面心錨」的制約反應嗎？我們只要引導陌生人做出會對家人做的舉動，誘發陌生人大腦中代表「家人」的節點亮起，就能瞬間與陌生人建立如同家人般的關係。如同前面章節提過保險業務員阿立的例子，他利用讓客戶交出鑰匙，瞬間讓客戶建立對他的信任感——家人不會害自己、不會做出不划算的交易、家人會在意自己的健康。客戶將鑰匙交給保險業務員阿立的過程中，潛意識地將阿立投射為家人，認為阿立是因為在意客戶的健康，才建議客戶買保單，同時降低防衛，不會先上網查詢其他家保單的價格、謹慎思考後才決定是否購買，還信任阿立不會騙客戶、給的保費價格肯定是公道、划算的。由此可知，預先建立好的人際關係，可為說服鋪梗。

無所不在的錨定效應

我家巷口有兩家早餐店，一家叫「降龍」，一家叫「十八掌」。看店名就知道，這兩家早餐店原是一家人，他們的爸爸原先開了一家叫「降龍十八掌」的早餐店，生意非常好，然而傳到兒子這代就吵架分家了，一家硬生生地拆成了兩家。

這兩家早餐店彼此緊鄰相隔，不僅地理位置、口味一樣、就連老闆對待客人的態度，以及點餐取餐速度也差不多，客流量與單價旗鼓相當，如果跟老闆不熟，你會以為兩家早餐店是同個老闆開的。

可奇怪的是，大兒子開的「降龍」早餐店，收入總是比二兒子開的「十八掌」少，這是怎麼回事呢？

我們從客人軒毅的角度來破解這個謎題。軒毅是一位每天早上睡過頭，趕著上班的上班族，在上班途中唯一會經過的早餐店就是「降龍」與「十八掌」這兩家。軒毅並沒有特別偏好

掃描 QR Code
聆聽本章內容

哪一家早餐店，對他而言這兩家吃起來一樣，價錢也一樣，軒毅只在乎拿到餐點的時間，讓他來得及打卡上班。

當軒毅來到「降龍」這家早餐店，他總是急急忙忙地跟老闆點餐：「來份豬肉漢堡。」

加蛋的陷阱

「降龍」老闆慢悠悠地詢問軒毅：**「你要加蛋還是不加？」**

軒毅心想，「不加蛋吃起來好空虛，但加蛋要多十元有夠貴，而且我上班快來不及了，加蛋不知道時間會不會比較久？算了別想了，我快來不及了，不加了！」

但每當軒毅來到「十八掌」這家早餐店，他如同往常一般，睡過頭趕上班，急急忙忙地跟老闆點餐：「來份豬肉漢堡。」

這時，「十八掌」老闆跟隔壁早餐店系出同源，同個家族的人，說話速度一樣慢。「十八掌」老闆慢悠悠地詢問軒毅：**「你要加一顆蛋還是兩顆蛋？」**

趕上班的軒毅滿腦子只想快點拿到早餐，一顆跟兩顆蛋之間沒什麼好猶豫的，兩顆蛋太多了，一顆似乎是剛好的選擇，於是急忙地回應老闆：「一顆就好了，老闆快點啊！我上班要遲到了！」

發現了嗎？才剛睡醒，腦袋還迷迷糊糊、趕著上班的軒毅，去「降龍」這家早餐店，總是買回一份「不加蛋」的豬肉漢堡；但來到「十八掌」這家早餐店，軒毅總莫名其妙買了「加蛋」的豬肉漢堡，還很開心今天對自己好一點，吃了加蛋漢堡的小確幸。

光靠多賣出去的蛋，「十八掌」比隔壁兄弟「降龍」多賺到一台賓士車的錢！與其在加不加蛋的問題上糾結，「十八掌」老闆直接幫顧客做出加蛋的框架，在這樣的框架下，顧客很自然地認為自己只剩下加幾顆蛋的選擇權。這，就是所謂的「錨定效應」。

設定大腦的初始錨點

錨定效應最初由諾貝爾經濟學獎得主丹尼爾．卡尼曼提出，認為提供給對方的「最初」訊息，會扮演大腦認知中的「初始錨點」，人們會以初始錨點為參照點，產生決策判斷的偏誤。這個初始錨點的產生，完全取決於一開始接受到的第一印象訊息，而非這個錨點是否有道理。

大腦參考的基準點可以說是非常好被操弄、影響卻很大。

心理學家為了證實「錨定效應」曾做過一項實驗，我想在此邀請你一起體驗這項實驗，印象會更深刻。接下來，請你在三秒內用「直覺」回答下列兩道數學題：

- 題目一：1×2×3×4×5×6×7×8=________？
- 題目二：8×7×6×5×4×3×2×1=________？

題目一「從1連乘到8」大部分受測者猜測的平均數是「512」，題目二「從8連乘到1」平均得到的解答是「2250」，兩者答案相差四倍之多，但其實兩組的正確答案應該是一樣的。

這就是錨定效應的影響，題目一是從數值較小的「1」做為初始錨點，影響受測者們預估出一個較小的數值；題目二則從「8」這個大數字做為初始錨點，影響受測者們預估出一個大上四倍之多的解答。單單數字排序的不同，就可以讓人對於這一組數列相乘結果，有很大的差異。

從眾效應讓人更容易被錨定操弄

你有沒有注意到，自從星巴克引進台灣後，許多飲料店跟著星巴克，開始推出「超大杯」、「大杯」、「中杯」的飲料，「小杯」的選擇默默消失。這是因為「錨定效應」跟「從眾效應」是互為因果的，當店家提供「大杯」、「中杯」跟「小杯」的選擇時，我們錨點自然地認為要選擇大眾常說的「中庸之道」，選小杯的好像不夠滿足，大杯又太罪惡，「從眾效應」告訴我們，跟隨眾人的選擇最安全，於是最後我們買了中杯的飲料，心滿意足地離開。

但當店家將選擇更換為「超大杯」、「大杯」、「中杯」時，有趣的是，我們仍然會信奉著「中庸之道」的選擇，認為中杯看起來很小杯，超大杯又似乎太多了，於是選了看起來恰恰好的大杯，同樣心滿意足地離開。

我們日常生活的消費，就是這麼好被操弄。要喝中杯的你，莫名買了大杯的飲料。

錨定效應起源於人們對直覺的依賴、認知惰性和慣性思維，因大腦很需要一個參照物，作為選擇的依循，無論這個參照物有多麼不合理，大腦都會照單全收。商人成功利用這一點，將商品高價賣出。

例如，有一種自然產的玻璃稱為「黑曜石」，黑曜石又名十勝石，是一種自然產生的玻璃。成因是因為火山熔岩迅速冷卻凝結，沒有足夠的時間讓礦物晶體長出，而形成玻璃質。

黑曜石剛被發現的時候，儘管定價很低，仍乏人問津。後來，商人將黑曜石跟鑽石擺在一起，並將售價提高了十倍，卻反而銷量大增。原來，鑽石提供了一個錨點，人們認為黑曜石跟鑽石一樣稀少、昂貴、值得擁有，爭相購買。這，就是錨定效應的影響力。

商人的詭計

南部有某家大型賣場，這家大型賣場總會把定價高於市場平均，再做出優惠折扣，其實優惠過後的折扣，跟市場平均價格差不多，但我姨婆總愛去這家賣場買東西，尤其是看到折扣商品，就算原本沒有需要，也會心動購買，認為自己撿到便宜很開心。

後來，這家商場換一位管理者，新任管理者認為故意將商品價格定高再特價賣出，是欺騙消費者的行為，正直的新任管理者不願意這麼做，下令店家要直接標示市場平均價的價格，且不再舉辦優惠打折活動。理性來看，這家店的商品變便宜了，消費者可以確保在那購買的物品不會買貴，不需要靠運氣，等優惠或打折時才去購買，然而，上門的客戶卻弔詭地變少了。

我的姨婆就是一個例子。自從不再提供優惠後，即便我告訴她現在這家商場的價格更公道了，姨婆仍不愛去這家商場購物，且對於新的政策非常反感。想當然爾，這位新任管理者不久後就被調換職位了，商場政策再次變成先將商品定價過高，再不定時提供優惠或折扣活動。顧客才終於回流。

過高的定價提供姨婆等消費者一個錨點，非理性、直覺地認為，用低於商場定出的錨點購買到這項物品就是賺到。撿到便宜的開心，與付出金錢的損失相抵，讓姨婆對這家商場產生忠誠度。尤其對於沒有習慣上網比價的族群來說，他們無法建立「市場平均值」的參照點，只能以商場提供的參照點為基準，輕易中了商人的圈套。

房屋仲介也很常使用「錨定效應」來賣房子。基本上，我們很難找到一棟十全十美的房子，房仲發現，常常帶客戶看了數十棟房子，客戶卻總是挑三揀四，最後決定不買，浪費彼此的時間。為了減少上述狀況發生，我發現房仲賣房子，常會先帶客戶去看一個「非預期」的房子——價格過高、屋況不好的房子，利用這個爛房子定錨，接著才帶客戶去看仲介真正想賣、大致符合客戶需求的房子，客戶比較後，通常會覺得後來的房子雖然不到完美，但種種條件比第一棟房子好多了，自己原先設定的條件或許太不切實際，仲介引導客戶購屋的比率大增。

學習獨立思考，打破錨定效應

知道錨定效應的原理後，就有機會避開陷阱。建議平時多培養獨立思考的習慣，購買任何物品前，先去思考這是否是自己需要的，或只是因為便宜而購買，但生活中用到這項用品的機會其實不高，買了反而占空間、或吃下喝下多餘的食物讓自己發胖。

另外，不要太相信自己的理智。站在一堆特價品之中，人們很難不心動購買。建議出門購物前，先擬定一張購買清單，最好連市場平均價格也事先搜尋好，到了商場只買自己需要且價格合理的商品，不在購物清單上的商品，就算再便宜，但不是自己真正需要的，也絕不購買。記住！再便宜的物品，還是要付出金錢的。但這筆錢明明是原本就不用付出的啊！千萬別像我朋友阿滴一樣。

生活在台北的阿滴，平時很節儉、精打細算，規定自己每天餐費只能花一百五十元，跟朋友吃飯時則允許放縱一點，但說放縱也還好，都是找價位不超過兩百元的餐廳聚餐。

如此節儉的阿滴，卻也中了商人的計謀。有天他走在路上，發現夾娃娃機中的皮卡丘快到洞口了，聽說投兩百五十元保證夾到，目前已經投了一百六十元，不把握機會夾太可惜，最後竟花了一百多塊夾了自己根本不愛的娃娃，擺在家裡沾灰塵，生氣自己失心瘋浪費錢，花了一天的餐錢，夾了毫無用處的娃娃。

又如阿宏，是個比價小達人，要買任何物品之前，即便只是十幾元的東西，也會先在網路上比價，找到最便宜的價格才買。有次他要買個百元的鞋櫃，上蝦皮購買，為了省運費，加上看到一堆幾十塊的小物品在特賣，最後東買西買，竟花了兩百五十元，買了一堆根本不會用到的小物品。住在房租如此昂貴的台北，花租金擺放這些沒用的物品，那才真的虧大了。

根據我觀察身邊朋友的經驗，對金錢越精打細算的人，越容易受到特賣的錨定效應影響，多花錢購買非必要物品。反而對金錢比較不敏銳的人，比較不會受到降價的誘惑，心動購買想要但不需要的商品。

想一想，你今天的生活中，遇到哪些錨定效應呢？例如，我今天去餐廳吃飯時，發現菜單最上面都故意放高價的餐點，越往下看越便宜，高價餐點提供一個定錨，讓我覺得下面餐點相比之下顯得便宜。

又如我逛百貨公司時，發現名牌店很愛把高價、限量商品擺在櫥窗外最顯眼的位置，我們被天價這個錨點嚇到後，自然認為旁邊幾萬塊的包包相比之下不太貴了。

再如我去朋友家，看到朋友要餵孩子吃他最討厭的胡蘿蔔時，會直接問孩子要將胡蘿蔔搗成泥狀吃，還是切絲炒來吃，直接限定選項，讓孩子錨點中沒有「不吃胡蘿蔔」的選項，無論孩子怎麼選擇，媽媽都可以成功讓孩子吃下營養的胡蘿蔔。

同樣道理也能運用在約心儀對象外出，例如，與其問心儀對象「明天要不要跟我去約會？」不如直接問「明天想去看電影還是去餐廳吃飯？」善用錨定效應大幅降低被拒絕一起出去約會的可能。

現在，寫下你生活中發生的錨定效應，下次再看到時，不但可以避免無形中掉入錨定效應的圈套中，還能讓自己更了解可以如何應用錨定效應為自己獲取利益。

在談判中占上風

一九三二年美國總統大選在即，羅斯福身為候選人，決心印製宣傳手冊，為自己拉票。沒想到他的競選團隊卻當了豬隊友，在設計宣傳手冊的過程中，竟然用了一張有版權的圖片。要知道，美國是一個非常重視版權的國家，如果這件事情被爆料，羅斯福知法犯法，不但形象受損，更可能流失大量的票源，間接導致落選。

問題來了，三百萬份的宣傳手冊已經印製好，大選在即，競選團隊沒時間重印。如果付給圖片版權所有者版稅呢？一張圖付一美元好了，不貴，但三百萬份就要付三百萬美元！羅斯福的競選經費預算已經破表了，實在沒辦法付出這筆錢。

如果你是團隊負責人，而版權持有者也還不知道這件事情，你會怎麼辦？

大部分人會試圖「攀關係」找共同點。畢竟根據哈佛大學心理系教授史丹利・米爾格拉姆在一九六〇年代所提出的「六度分隔理論」（Six Degrees of Seperation），認為全世界任何

掃描 QR Code
聆聽本章內容

一個陌生人之間的關係，不會超過六個人。換言之，只要努力找尋，我們總有辦法發現彼此是「朋友的朋友」。時至今日，社群媒體的興起，更是縮短人與人之間的距離，臉書在二〇一六年時，為了宣揚臉書周年紀念的朋友日，透過大數據分析，發現在臉書上人與人的距離間隔縮短為三．五七人。

假設，身為團隊負責人的你，好不容易透過網路，發現版權所有者跟你「爸爸的媽媽的阿姨的兒子」讀同一所學校，於是你決定簡稱他為「學弟」，你告訴「學弟」你所屬的競選團隊不小心誤用他的版權圖片，並說了許多自己當年讀書時的風光偉業，拜託學弟通融一下，還說以後學長也會多罩你，企圖用權威框架說服「學弟」授權，你猜這位學弟會答應嗎？

在三百多萬美元面前，這位遠到不能再遠的「學長」算什麼？顯然，在利益當下，攀關係這招毫無用武之地。

羅斯福競選團隊如何化解危機

一位懂得談判的團隊負責人，會在「攀關係」建立連結後，透過閒聊，先去了解對方的需求為何，思索如何交換利益，創造雙贏。例如，在聊天過程中，負責人發現原來圖片的版權所有者的夢想是成為攝影大師，他花了很多時間心力投入在攝影中，無奈不懂得如何行銷自己，作品總是默默無聞，不被大眾所看見，僅靠著攝影的微薄收入，這位版權所有者都快養不起家了，為了五斗米，他不得不考慮折腰，放棄夢想，去考公務員。

於是，這位團隊負責人趁勢提到：「我懂你的困難，我也經歷過，特別想幫你完成夢想。你拍攝的照片非常好，應該被大眾看見。不如這樣，我其實是羅斯福競選團隊的負責人，我願意將你的照片刊登在我們的競選手冊中，並將你的大名附註於照片下方，我們預估至少發放三百萬份，相信透過這樣的宣傳，你很快會變成名人，不需要為了金錢放棄夢想。如果羅斯福候選人順利選上總統，你甚至會搖身一變，成為代表美國的攝影師！」

團隊負責人先將錨點定在「競選團隊要幫忙你宣傳」，而非「我們有求於你」來影響版權所有者對這件事情的認知，接著透過交換彼此需求，不但成功讓版權所有者樂意免費提供圖片，化解羅斯福總統的危機，甚至拉到一個死忠支持者——版權所有者現在與羅斯福站在同一條船上，羅斯福的勝選，也代表版權所有者會擁有更光明的未來，最後，版權所有者不但分文未取，甚至幫助羅斯福的競選團隊，希望羅斯福能打贏這場選戰。

定錨三大原則

談判，就是改變對方認知基準點！聽起來很難，但做起來，其實一點也不難，只要把握以下三原則，你也可以輕易改變對方認知基準點：

原則一 市場價格

最近我要去峇里島玩，聽說那裡是一個漫天要價的地方，殺價是必需的。但從幾折開始殺起是合理的？一般來說，會從五折開始殺起。但我上網搜尋攻略，上面寫說要從兩到三折殺起，這，就是所謂市場價格。

我哪知道當地一個包包該賣多少錢？當我毫無概念的時候，商家的定價很容易成為我最初的錨點，讓我誤以為當地物價就是如此高昂，而市場行情價則提供我一個「客觀、公平」的錨點，我用眾人可以接受的價格購買，至少肯定不會吃虧。

反之，若我今天要賣我的泡水手機，對方出價一千元，我可以告訴對方：「抱歉，根據市場行情價，我這牌子的泡水手機，至少可以賣到兩千五百元，不信你可以上網找看看，要買再來跟我買。目前詢問的人有點多，你要快點決定，不然我就賣給別人了。」

善用市場行情價，等於拿群眾來壓制對方，人天性有跟隨大眾的決策模式，輕易改變對方認知，用合理價格賣出商品，避免浪費時間討價還價、破壞關係。

原則二 歷史價格

所謂歷史價格，顧名思義就是「過去的價格」，例如，我可以告訴峇里島的店家：「我之前只用兩百元就買到這個包包耶！怎麼你竟然要賣我六百元。」店家一聽會以為我常來，對這裡的物價熟門熟路，不敢繼續欺騙我，殊不知我其實之前根本沒來過峇里島，我是從網路上看到部落客曾經用兩百元買過同款式的包包罷了！

同樣用泡水手機為例，當我要賣手機，對方一直殺價的時候，我可以善用歷史價格，告訴對方：「這手機我當初用一萬元購買，只用了半年，裡面零件都很新，現在用一折賣你，已經很夠誠意了。」先用當初高價購入的歷史價格改變對方錨點，再讓對方知道我損失多少、打折多少讓利給對方，相比之下，對方會覺得我很有信服力、價格公道，同時會看在我損失退讓這麼多的份上，基於互惠原則，不要殺價殺太狠。

原則三 公開價格

公開價格就是權威或專業人士所訂定的標準。例如，在峇里島買包包時，我告訴店家：「我朋友是專業代購，他說這包包頂多賣兩百元，超過兩百元叫我不要買」。

當我賣我的泡水手機時，則可以告訴對方：「這手機我拿去二手行鑑定過了，他們說這手機可以賣兩千五百元。」如果對方不是行家，看到我拿專業來壓他，大部分人會選擇相信專業行家所定的錨，以此為基準殺價。

我們開口的第一句話，影響我們的成敗。我們的言語要化為左右對方認知的「錨」，選取對自己有利的「標準」做為錨點。這技巧不只可用於買賣中，還能用於領導中。

例如，你是主管，希望部門業績增加，但若直接提出這要求，勢必遭到下屬反彈，因為業績增加代表員工的工作量增加，但薪水卻不一定跟著增加。

身為主管的你，如何善用以上學到的三個原則，改變員工認知，願意一起為增加業績努力呢？

- 市場價格：今年我們組員都說要訂下業績達三億元的目標（從眾壓力），大家一起努力吧！
- 歷史價格：你看這三年來的業績成長率，每年都有百分之二，今年也再增加百分之二，達成三億元目標吧！
- 公開價格：老闆（權威之人）說今年要比去年業績成長百分之二，我們就訂三億元為目標吧！

找出有利的「標準」當擋箭牌，不但讓下屬無法輕易反駁、更重要的是，下屬不會將工作量增加的矛頭指向自己，成功避免與下屬意見分歧的緊繃氣氛，也讓長官賞識你的管理有方，帶領下屬願意跟你一起並肩奮鬥。

避免協商破局的秘訣

在知道錨定效應的影響力後，許多人面臨一個問題：

「誰先開口說話？」

例如，今天我要典當一條鑽石項鍊，我深知我開口的第一句話，會產生錨定的效應，擔心開價太低，讓老闆賺太多，但也擔心開出天價，交易破局，該怎麼辦？

美國密西根大學做過一項實驗，在這項實驗中，他們將四百名學生分成兩組，每組各兩百名，並請他們販售相同的T恤。

之後，研究員觀察談判結果，發現A組學生平均以六百二十五美元售出，B組學生則平均以四百二十五美元售出。為什麼兩組以相差兩百美元的成交價售出同樣的衣服呢？是因為A組學生比較有做生意的天分嗎？

原來，造成平均成交價不同的原因，在於兩組學生「一開始喊的價碼」不同。A組學生被研究員告知，無論如何都要從七百美元以上開始喊價，對B組學生則說，規定要從七百美元以下喊起。經此實驗證明，光單純開口第一句喊價的差異，就可以產生兩百美元之差的結果。

從A組的實驗結果，得知「大膽開口要求」在協商中扮演關鍵角色，我們要先把目標訂高一點，影響對方的錨點，在協商過程中才不至於讓步太多。但相對地，A組破局的機率也比較大，該怎麼辦呢？

• 開口第一句喊價的差異，會造成最後成交價極大的差異

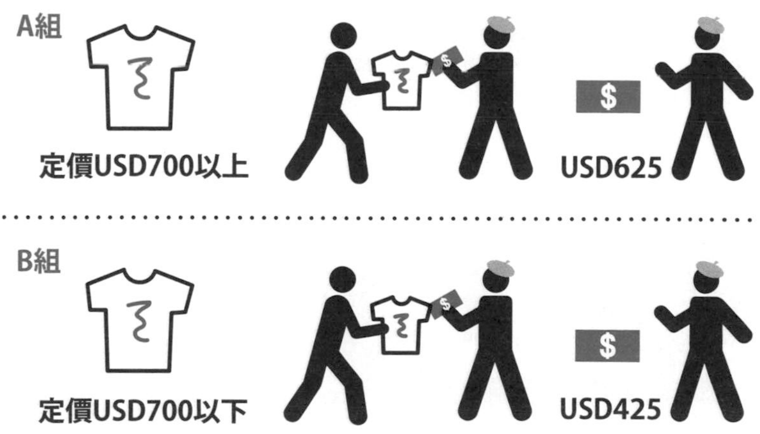

情報多，先定錨，但需搭配理由

許多人誤解，以為學會協商，就表示可以獅子大開口，漫天要價，實則不然。我們可以把目標訂高，大膽要求沒錯，但背後需要搭配讓人信服的理由，我們的錨點才有說服力。還記得前面提到定錨的三大原則嗎？分別為市場價格、歷史價格與公開價格，這些價格提供一個依據，讓對方信服我們定的錨點。

即便今天，我們的定價是合情合理，也最好拋下「你應該知道我在想什麼」的想法，記得，每個人看待事情的角度不同，就如下面這張簡單的圖片，有人看到的是獎盃，有人看到的是人臉。同理，在協商中，也不要自以為對方應該要懂我們大膽開口要求背後的理由，我們要放下身段，告訴對方，我們敢如此開口要求，背後的邏輯與根

• 你看到獎盃還是人臉？

據為何。

一個常見的例子是當超商想提高麵包定價的錨點時，若直接漲價，勢必會引起民怨，甚至發起拒吃的抵制活動。聰明的超商，會告訴消費者漲價的理由，例如趁換包裝的時候偷偷漲價，宣稱新包裝的湯種麵包換了新的酵母菌，成本增加才漲價的。但事實上有沒有真的換酵母，或是調漲的幅度是否合理，無人得知，民眾只能無奈的接受。

如果我們的情報很多，非常知道應該要求些什麼，那麼一定要把握機會先開口，大膽要求，搶得對我們有利的定錨點，**同時搭配邏輯與根據**，讓對方信服我們所訂定的錨點合情合理。

情報少，先閉嘴，誘導對方先提案

先開口定錨，不見得代表能夠搶得先機。尤其當我們處於情報少的狀態下，此時，閉嘴比開口重要。歷史上，曾有一位眾所皆知的人物，深諳上述道理，刻意誘導對方先開口提案，最後成功幫自己比預定金額高出一千倍的價格賣出專利。這位人物是發明家、美國科學家、企業家，擁有眾多重要的發明專利，你猜到是誰了嗎？

沒錯！就是鼎鼎大名的愛迪生！話說當年，愛迪生曾在某家公司工作，擔任電器技師的職位。在工作期間，愛迪生的一項發明獲得專利。消息不脛而走，有家公司老闆決定派代表來與愛迪生所屬的公司談判，企圖買下這項專利。

這位公司代表，一坐下來，就先發制人地請愛迪生先報價。埋首於研究中的愛迪生，清楚自己對於市場的行情不了解，也不清楚自己這項發明可以為對方公司帶來多少獲利。愛迪生想起：「當情報少、對資訊不了解的時候，要先按兵不動，等待對方先提案，避免自己當冤大頭，提了一個過低的價格。」

於是，愛迪生反問對方：「你們認為我的發明對貴公司有多大價值？」

這位公司代表愣了一下，沒想到會被愛迪生反問，草草粗略估計後，回應：「四十萬美元，成交嗎？」

具備協商能力的愛迪生，清楚知道對方提出的價格肯定過低，還有往上提高的空間，因此愛迪生利用沉默，製造權威感，讓對方產生懼怕與壓力，啟動對方「情緒腦」，關閉冷靜理智的「認知腦」，愛迪生還故作玄虛地詢問對方：「這就是你們的誠意嗎？」

公司代表想了想，表示公司很有誠意購買，願意再提高金額。最後，愛迪生以五十萬美元賣出專利。

簽約完，對方公司代表離開後，愛迪生鬆了一口氣，轉身告訴同事：「其實我上談判桌前，我心中預計只以五百美元賣出專利。真的是還好我讓對方先報價，最後竟然以高出一千倍的價格成交！賺翻了！」

心理學大師安東尼羅賓認為：「優秀的協商者，和技巧拙劣的協商者，最大的區別是什麼呢？提問。優秀的協商者善於提出好問題，並從中得到好的答案。」

就如同愛迪生深知自己掌握情報少，不敢搶著報價，提出不利於自己的錨點，而是透過提問，讓專業的行家先定出錨點，再利用一來一往的討價還價將價格持續往上拉高。由此可知，在協商中，懂得什麼時候該說話，奪得開口的先機、什麼時候該閉嘴，讓對方先提供一個專業評估過後的錨點，方能在協商中占據一定的優勢，避免吃虧上當，事後才悔不當初。

交換需求，準備好備案

除了大膽開口要求、搭配邏輯與根據之外，要避免協商破局，在協商之前最好先做好最壞的打算，**想好如果協商破局，自己有沒有其他好的替代方案？**

協商說到底，就是一場交換彼此需求的遊戲。如果今天我們有求於對方，很需要談成這場協商，但對方卻有其他備案，不一定要跟我們合作，基本上這場協商，未談我們就先輸了。對方不管開出多糟糕的條件，我們都只能答應。這個道理跟愛情一樣，大家總說「在愛情中，愛比較深的人永遠會輸」，因為太愛對方、無法離開對方，明明「天涯何處無芳草」，卻執意「單戀一枝花」，無論對方做出多對不起我們的事情，我們即便生氣、傷心、難受，也只能選擇一再原諒，繼續待在一段受虐的關係中。

這道理也可以用於職場中。我的朋友宗仁是一位大學教授，他需要管理底下的研究生，這些研究生等同於他的下屬。宗仁教授需要學生幫忙他完成計畫的某部分內容，但其中一位學生小賴，總是遲交他該負責的部分，或是拖到最後一刻才交，交出來的內容一看就知道是急就章隨便亂弄完成的。宗仁教授很苦惱，這位小賴同學影響到整個計畫的進度，但宗仁無論以教授之姿如何威脅利誘，或是曉以大義，都無法影響小賴。對小賴而言，這個計畫對他是多餘的工作，即便計畫做不好，小賴也沒損失。但對宗仁教授而言，這個計畫攸關他未來的升等，宗仁教授很需要學生齊力幫他完成這項重要計畫。

這場協商，宗仁教授注定拿小賴沒轍。因為是宗仁教授很需要小賴幫他完成計畫，但宗仁教授手上沒有吸引小賴的東西，讓小賴願意把這件事放在心上。另一方面，宗仁教授沒有其他學生可以接替小賴的工作，也就是說，他沒有選擇，即便小賴做得再不好，他還是需要小賴的幫忙。

然而，這樣的情況卻在五月開始有轉機。原來，身為碩二生的小賴，突然發現自己再一個多月就要畢業了，但碩士論文還沒著落，這項計畫其實與小賴的碩士論文息息相關，如果他把計畫完成，碩士論文也差不多可以一起完成，老師也願意放他畢業。趕著畢業的小賴，突然變得很積極，以前交代小賴一件事情，要三催四請，現在，連開口都不用，小賴每天自願在研究室待到半夜，努力趕工，工作的進度跟品質好到跌破大家眼鏡。現在，角色交換了，小賴終於意識到，他有求於老師、他需要畢業，他沒時間慢慢拖，更沒時間換指導教授，沒選擇的小賴，終於願意好好做事。

不只職場，此方法也能用於政府部門中，讓政策順利推動。

假設，高雄在韓國瑜上任後，如他所說真的發大財，高雄觀光客絡繹不絕，攤販生意興隆。此時，若高雄市政府說要在愛河邊蓋愛情摩天輪，興建期間需要攤販先移到邊緣一點的位置做生意，你想攤販們會願意配合嗎？

想也知道，大部分攤販會拒絕配合。對攤販來說，誰知道愛情摩天輪蓋好了，生意是否真的會變好？當然是趁現在，先把錢賺進口袋再說啊！高雄市政府怎麼可以在攤販生意正好的時候擋人財路！

高雄市政府為此聘請顧問，詢問該如何處理這件事情，避免與民眾的衝突，又能順利執行政策。顧問建議市政府要先想好替代方案，而且這個替代方案最好是讓攤販更吃虧的，無形中錨定攤販，選擇在吃虧的框架下，人們會選擇吃虧較少的方案。

於是，市政府再次跟攤販協商，這次，政府單位告訴攤販：「你們不配合移動攤販位置讓我們蓋愛情摩天輪也可以，但為了市民安全，這整條道路要重鋪，到時候會進行交通管制，一樣會影響你們的生意，而且重鋪道路所花費的時間，比蓋愛情摩天輪還久。」

攤販們這時候態度改變了，所有人投票過後，選擇配合政府單位。

以上類似故事，是在韓國的河川整治中，真實發生過的實例。**當人們發現若談判破裂對自己損失很大，對方卻有替代方案，人在瞬間就會變得謙虛。**

協商防身術一

情緒撼動術

如果去宿霧自助旅遊不想被騙，要事先做很多功課，了解每樣服務收費多少是合理的。例如，在宿霧，最常使用的交通工具，就是「嘟嘟車」。嘟嘟車，基本上就是在摩托車旁邊開外掛，加裝乘客座，一輛摩托車可以載兩到四人，雖然因為重心問題，搭乘過程不是太平穩，但在交通不便的宿霧，是個短距離移動很好的選擇。

麻煩的是，那裡的車資價格差異很大。尤其在觀光地區，司機看我們不是當地人，不懂行情價，短短十分鐘不到的路程，從台幣一百元喊到台幣三百元不等。於是，在出發之前，得先在網路上查詢從觀光景點到下榻民宿之間的距離，試圖算出合理的車資，避免被騙。但事實上，很難知道自己試算出的車資到底合不合理，因為我們查詢到的價格可能是一年前的，宿霧在這一年之間物價上漲了多少無從得知。即便做了這麼多功課，司機只要堅持不給殺價，我們仍無可奈何。在宿霧旅遊，根本就是一場金錢的攻防戰。

後來，我找出一個方法，不用這麼累，做無效的功課，就能輕鬆不被騙。這個方法叫做「情緒撼動術」。

強而有力的情緒撼動術

「情緒撼動術」就是浮誇的表達驚訝，利用情緒讓對方清楚感受到我們的拒絕，例如，當嘟嘟車的司機跟我開價三百元台幣的時候，我表現出驚訝到吃手手的表情，配上浮誇的語氣說：「什麼？三百？」，然後搖搖頭，作勢要離開。

這時候司機會把我拉住，馬上說出一個公道的價格。因為司機心裡沒底，無法從我不斷跟他討價還價的過程，試探出我對市場行情的了解度有多少。如果他要把握住我這個客戶，他最好開出一個公道價。

如果我作勢要走，司機卻沒拉住我怎麼辦？不要緊啊！那我就知道他開的價格是合理的，我去找下一個司機不就成了嗎？觀光地搶生意搶得可兇了，不用怕沒司機可以載我。

「情緒撼動術」是協商中最強而有力的防身術，它可以分成兩種方式展現：

• 情緒撼動術的兩種展現方式

方式一

語言展現

↓

用疑問句＋浮誇情感重複對方說的話

↓

強度較低

方式二

身體展現

↓

一聽到對方提議，立刻作勢離開

↓

強度高

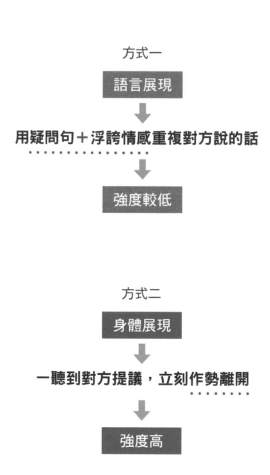

例如，今天我們想以一個好價格賣出泡水手機，你覺得哪種反應方式可以開出比較高的價格？

• 哪種反應方式可以開出比較高的價格？

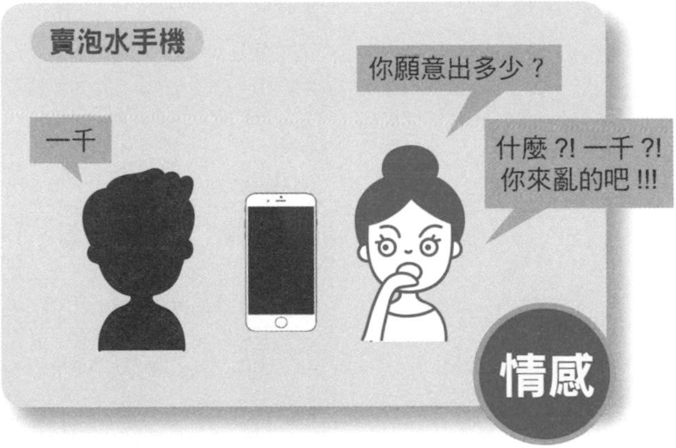

當用「認知」去回應對方的時候，會引發對方的「認知腦」，想辦法用過去學到的一切經驗來跟我們議價，但當我們用「情緒」去回應對方時，會開啟對方「情緒腦」的開關，對方就算學過許多協商技巧，也難以在當下派上用場，另一方面，我們的情緒明顯告訴對方，我們認為對方開價很離譜，對方會知道他的開價超過底線太多了。

當用「理性」回應對方，對方則以為他可以繼續殺更多價，毫無意識他的開價有多離譜。

如同華頓商學院教授史都華．戴蒙所說：「情緒說服比起用理性與邏輯說服，獲得的利益多四倍！」

協商防身術二

主權不在我

「很抱歉……前陣子我消失了很久，因為我的愛犬死了。」

「事情是這樣的，之前送我的愛犬去做寵物美容，由於曾聽說過很多傳聞說，有些寵物美容店會不小心把狗狗弄死，我把我的愛犬當孩子養，很怕這種事情發生，特地搜尋家裡附近的寵物美容店，找了一家評價很不錯的店，送我家毛小孩去美容。沒想到那天下午，我去接我家毛小孩的時候，竟然看到牠倒在籠子裡快窒息的樣子！我大吼的叫店員快讓牠出來，我抱著牠，衝到對面走路不到一分鐘的動物醫院，醫生打了一劑強心針，但仍無力回天，太遲了，醫生說早已錯過黃金搶救時間……」

「事後調閱監視器，我看到在我家毛小孩倒在籠子的關鍵五十分鐘期間，店裡面少說有三、四位店員，經過這籠子無數次，整整五十分鐘，沒人看到我家毛小孩一臉痛苦倒臥在籠子裡，牠才正值青年啊！獸醫之前總說牠是很健康的孩子，送去美容之前，也沒什麼異狀，我不懂到底在寵物美容店內牠遭遇了怎樣的對待，我只知道，我開開心心送牠去洗澡，這卻是我們最後一次見面，太突然了……」

「事後，店家的處理態度讓我很生氣。從頭到尾，只有一名自稱是這家店的顧問出面處理。但談到索賠的部分，卻又說自己沒權限決定。我請這位顧問叫老闆出來，這位顧問推三阻四的說不用找老闆，她可以全權處理，根本鬼打牆，連談都不知道怎麼談了。我看這位自稱顧問的人分明就是老闆！」

以上是有天我滑臉書時，看到網友小鄭發的文。姑且不論這家店的處理方式，單純分析店家的協商策略，可以發現，這家店使出協商中的第二個保命防身術：假裝主權不在我！

將決定權往外推

主權不在我，顧名思義就是將決定權外推——真實的往外推或假裝往外推，目的是讓我們在協商過程中，當位居弱勢的時候，可以告訴對方我們要回去請示上司，乘機爭取更多思考對策的時間，或是利用假裝主權不在我的方式，來婉拒對方的提案，避免破壞關係，影響協商。

例如，寵物美容店的顧問，一人分飾兩角，假裝自己只是員工，無權決定金額，讓我的網友小鄭連要跟老闆見上一面、罵一罵老闆、向老闆索賠，都難如登天。同時，這位顧問在協助處理索賠的過程中，為了壓低金額，總告訴小鄭，她要先回去請示老闆，但會努力幫小鄭爭取索賠，試圖修補店家與小鄭之間的關係。

接著，顧問再假裝一臉委屈、疲憊的樣子回來，告訴小鄭她很努力幫忙爭取了，但老闆說最多只能給五千：「我好說歹說，告訴老闆要將心比心、不斷動之以情，老闆才終於答應要給八千。小鄭先生真的很抱歉，這是我們老闆願意給的最高價了，我在公司不惜跟老闆開戰，才為你爭取到的。雖然比你原本開價少了四千，但已經很有誠意了，你就接受吧！」顧問說。

明明店家是做錯事情的人，鬧出狗命，在協商中絕對處於弱勢那方，只有被罵挨打的份，卻利用「主權不在我」這招，默默拉抬自己在協商中的地位，老闆不出面協商，只請一位沒權限做決定的顧問當中間人，與飼主協商索賠。飼主莫名被降了一個位階，無論飼主怎樣對顧問說理、要求賠償，顧問都能當耳邊風，一邊安撫飼主情緒，一邊推給老闆說是老闆不答應，她只是員工實在沒權限決定，飼主連資訊傳遞給老闆都有困難，許多不想惹事的飼主，就這麼「算了」，牙一咬自認倒楣，不想自找麻煩走法律途徑，選擇被店家吃死死，只好在網路上呼籲大家不要去這家寵物美容店，讓店家逃過一劫，事過境遷後，等到愛犬屍體火化下葬，更難以追溯店家的責任，這時，店家反倒告飼主在網路上毀謗名譽，散播莫須有的罪名，影響生意，理當賠償。

一步錯，步步錯。「假裝主權不在我」成了寵物美容店家的保命符，打了一場漂亮的模糊戰，全身而退，缺乏協商技巧的飼主不但痛失愛犬，還被這種可惡的店家反咬一口，遭受損害名譽的官司糾纏，更無法提醒大家別去這家惡店，最後，寵物美容店生意仍然蒸蒸日上，不受影響。

以最優惠價格買到車

在日常生活中，這種「主權不在我」的例子被廣泛運用。例如前陣子，我朋友要買車，特別請我陪他去協商議價。通常，買車會連帶買許多配件：隔熱紙、音響、行車紀錄器、腳踏墊、晴雨窗等等，一台動輒近百萬的車提供一個高的定錨點，相比之下，顧客覺得其他所有配件加起來不過是小錢，不會太計較，也懶得為沒多少錢的配件去多方比價，反而大方買下這些配件。

賣車的業務善用這個原理，不斷鼓勵客戶向車廠購買許多配件，最後計算出一個客戶該付的總價。這，就是討價還價的開始。

根據小道消息指出，很多時候客戶在跟業務殺價時，業務會裝得很為難的樣子，告訴客戶他沒辦法決定，依照他的權限，他已經給出最低價格了。有八成的客戶聽到這句話，會心軟不再殺價，心滿意足地離開，自以為用最優惠的價格買到車。

但有少部分客戶，仍不死心地繼續要求殺價。這時候，業務會告訴客戶：「我去老闆辦公室請示一下。」然後，業務其實只是走去後面休息室抽一根菸、喝一杯茶，讓客戶等個十分鐘後，再回來告訴客戶：「老闆說不行耶！這真的是最優惠的價格了！」最後這些少部分的客戶，心中大石頭才終於放下，確認自己已經殺到底了，心滿意足地認為自己用最優惠的價格買到車。

你知道嗎？其實業務手中都握有一定可以降價的範圍，他們清楚知道自己的底價、也知道如果為了這種事情去吵老闆，反而會被罵死。為什麼業務要這麼費力演這麼一齣戲，假裝自己沒有權限，跑去後面抽菸喝茶，假裝問老闆，幫客戶殺價呢？

俗話說「買賣不成仁義在」，試想如果你是顧客，看到業務這麼費心費力幫你跑去問老闆，心中會不會對他感恩？就算最後你沒有買他的車，會不會介紹這位業務給其他想要買車的朋友？另一方面，基於「互惠原則」，你看著業務都這麼辛苦地為你著想、跟你站同一陣線，幫你向老闆爭取優惠價了，你還忍心殺他個片甲不留嗎？如果價格跟其他廠商賣的差不多，客戶絕對會選擇到這家車廠買車，把業績給這位業務，報答他的努力。

對業務來說，他假裝去問老闆，實際上不見得是偷懶去休息抽菸喝茶，而是為他爭取到時間，仔細評估客戶的底價是多少，自己還有哪些部分可以再降價，或是該如何說服客戶透過換配件的品牌來減少價格。爭取時間謹慎思考，才不會做出或說出令人後悔的話，避免太快答應客戶的殺價，讓自己少賺了不少傭金。

以其人之道還治其人之身

反之，當業務提議如何透過降低配件的品質來壓低購車成本時，身為顧客的我們，雖心裡想先去其他車廠比價過後再決定，但也不好意思當面跟業務說出口。這時候購車的人就要派出一個不在場的第三人上場，以其人之道還治其人之身，假裝主權不在我們身上，告訴業務：「謝謝你的資訊，但配件品質下降我老婆可能不會答應，這部分她滿堅持的。我們最多就只能付這些錢，你還有沒有其他方法？我真的很想買這部車，但我得經過老婆同意。」

現在，又把球丟回去了，業務如果真的很想做成我們這筆生意，他得回去煩惱還有什麼辦法能達成我們的期望，同時讓他這個月業績足夠。如果過一陣子，業務告訴我們他真的沒辦法，而我們去其他車廠比價過後，發現這位業務給的價格確實最優惠，我們也可以不尷尬地回頭找這位業務，告訴他，我花了好多時間說服老婆，老婆終於答應讓我以這條件買下這部車。

「主權不在我」的效用如此之大，拿來對付人是很好用沒錯，但如果像痛失愛犬的小鄭，被寵物美容店老闆惡意使用這招該如何防範呢？相信許多讀者看到這，不禁心想：「有沒有破解這招的方法，讓我避免損失？」有的！破解的方法就在下一章節「找出隱藏人物」。

找出隱藏人物

「老師，為什麼我每次跟公部門協商都很失敗，每次承辦人都說會將我的提案上呈給長官，等了好幾個禮拜都沒下文，我打電話過去，承辦人不是說公文還在跑，就是說要等長官開會決議，最後卻不了了之。即便好不容易等到答覆，承辦人也只會說長官不同意這份提案，至於理由是什麼，承辦人一問三不知，很多事情根本無法討論。」上我談判心理課的林醫生問道。林醫生認為跟公部門協商是他目前遇到最大的難題。

恰巧，坐在他隔壁的學員源源，就是在公部門上班的。源源一聽，馬上回應林醫生：「公部門完全就是老師剛剛提過『主權不在我』的實踐者啊！只是我們身為承辦員，是真的沒有主權，也是真的公文行政程序要跑很久，如果你要協商，找承辦員是沒用的，要找長官直接當面談啦！」

是的！源源說的，正是破解「主權不在我」的秘訣。不管協商的對象，是真的沒有主權，還是假裝沒有主權，都無所謂，我們心中秉持的唯一原則就是告訴對方：「我只跟有權做決定的人談，不然講再多都是白費力氣，請可以做決定的人來跟我談。」

不要浪費時間跟沒決策權的人談

銘叔就是一個真實例子。二〇一七年冬天，事業有成的銘叔，受到國家部門的邀請，去美國參加科技展。此展覽每年吸引來自世界各地的大公司和業界專門人士參加，展覽期間通常會舉行多場產品預覽會和新產品發表會。這是一個國際性的展覽，能代表國家出去參展是一件非常榮幸的事情，甚至在回國後，參展團隊還會收到總統的邀請接見。

想當然耳，銘叔所屬的單位主管，希望銘叔能為國爭光、為單位爭光，主管誇下海口表示去美國的機票住宿由單位一手包辦，請銘叔無後顧之憂地去，回來儘管核銷。

銘叔看邀請他的單位主管如此有誠意，在百忙之中刻意排出時間，飛到美國參展。當時正逢假期，機位一票難求，只剩下商務艙的選擇，銘叔想著邀請單位的承諾，牙一咬買了來回十萬的機票。住宿就更別說了，美國物價昂貴，尤其在展場周圍的旅店，早已被來自世界各國參展的高階主管們訂走，剩下的房間，貴到令人咋舌。

「還好我這趟旅費能夠核銷」銘叔心想。一回國，銘叔馬上拿著單據去到單位部門，請行政人員協助核銷。

「抱歉銘叔！我們換主管了！新的主管說他沒答應你這部分，這是前主管說的，尤其沒有公文文件證明前主管有承諾你，我們單位沒辦法為你核銷這些單據。」行政人員說。

銘叔氣炸了！怎麼會換了個長官就換了套說法，這些花費加起來少說也有快二十萬，更重要的是，怎麼可以說好的事情卻變卦了，讓我無辜受牽連呢！銘叔不死心地告訴行政人員：「請幫我爭取！這是你們之前主管承諾的事情，我有電子郵件紀錄可證明，當初是你們前主管自己說不用跑公文，太麻煩，他會幫我處理好，我才願意去參展的，你看，郵件上寫著憑單據就能核銷！」

行政人員說會幫忙轉達給新主管了解事情原委。但參展回來都兩個多月了，這件事情仍沒下文。銘叔時不時打去追問，行政人員都說還在等長官意見。好不容易行政人員致電銘叔，卻是告訴他：「很抱歉！新長官還是那句老話，當初沒公文文件證明，這些單據不能核銷。」

事已至此，銘叔明白，繼續請單位的行政人員協助處理，是不會有結果的。在這場協商中，真正隱藏在後的關鍵人物是新上任的主管。

「只有我當場與新主管協商，直接溝通，事情才可能有轉機，不然只能被這樣打發掉，最後無疾而終。我實在太生氣，明明是單位內部沒處理好，為什麼損失的卻是我！」

於是，銘叔想盡辦法終於找到新主管的電子信箱，在信件中銘叔告訴新主管事情的來龍去脈，同時「暗示」新主管，自己在業界人脈也不少，「提醒」新主管切莫因這件事情得罪了自己，銘叔說他若動用起關係來，也不是好惹的。

三天後，銘叔的戶頭裡，就收到單位匯來的近二十萬差旅費。

協商，最怕的就是遇到對方使用「主權不在我」的防身術，任憑我們有再多優勢、籌碼、再有道理，都會被一個無權決定事情的人擋下。破解這招最好的方法，是一開始就不要跟沒權做決策的人談，切記，**協商第一件事情就是找出能做決定的隱藏人物**，無論透過何種方法，都要與這位隱藏人物直接協商。

只跟隱藏人物協商

二〇一七年十月，我滿心歡喜地抵達上海，期待著即將展開的迪士尼之旅，遙想當年，我上一次踏入迪士尼，是二十幾年前的事情了。上海這家新建的迪士尼，對我來說很新奇，為了有充足的時間一次玩遍迪士尼，我這次特地入住在迪士尼不遠處，一家看起來很高級的飯店。

但這家飯店卻讓我非常憤怒！

原因是這樣的，這家飯店有提供機場到飯店接送服務，一下飛機後，我站在與飯店事先約好的指定位置吹了整整一小時冷風，看著一批又一批的旅客各自被自家飯店的車接走，就是遲遲不見我入住飯店的接駁車。

原來，這間飯店沒開說好印有飯店LOGO的車子來接我，只開了一部私家車來接送，害我一直找尋錯誤目標。其次，他們有一個車掌小姐，舉了一張泛黃A4大小的紙，雖然上面印有飯店LOGO，車掌小姐到達指定地點後，隨便對兩個路人問問，找不到我就把車開走了，重點是飯店完全沒告訴我會有人舉牌，所以我一直關注的都是車子上的LOGO，沒注意舉牌的人，就這樣與車掌小姐錯過好幾次。

總之，過了好久我總算搭上車了，我非常憤怒，但我知道，跟司機與車掌小姐吵沒用，他們不是能做決定的人，通常跟無法做決定的人談判，不但浪費時間還影響心情。因此一路上，我安靜地坐車，完全沒開口跟司機與車掌小姐爭論。一到飯店，我就請他們經理出來跟我談，告知原委，理性訴說我認為他們失誤的點，並表達我對他們服務的失望。這位經理也很高情商，非常理智的回應我。最後他說，入住期間的早餐都免費，甚至若我有朋友來找我，飯店不限數量一併提供我朋友免費自助餐的早餐，並且承諾我會向公司反應這問題。

這完全是一場雙贏的協商。經理安撫了我的憤怒，提供我想要的補償。而這份補償，對飯店來說其實完全沒損失——飯店每天都要準備一定數量的自助餐點，多一點人吃對飯店來說影響不大，說不定還幫飯店減少食物浪費呢！

說實話，我覺得開心，不是因為得到早餐，而是當我沒得到應有的服務時，我為自己爭取到補償。我想，在我開始學習、研究協商之前，或許我會默默憤怒然後忍下，卻換來很不愉快的入住經驗吧！這時我心中想起一句話：「委屈的人生是因為你缺乏協商能力。」

協商真的可以用在各方面的日常生活中，而且只要敢跨出第一步，其實不難，以下是我這次用的協商方法，這些方法無論在日常小事協商，甚至正式商業協商，都可以使用。

方法一 找出可做決定的隱藏人物

不要把時間浪費在得罪你卻無法做決定的人身上，這除了發洩情緒，或讓自己更生氣之外，其他毫無幫助。若我當初跟司機爭論，不小心說了人身攻擊的話，就算我原本沒做錯，都變成有錯了。況且，司機無權提供我任何補償，要司機認錯對我來說也沒有意義。在這場協商中，真正可以補償我的隱藏人物是飯店的經理，事實證明經理提供給我的補償，讓我很滿意。

方法二 用組織管理的規章準則來談判

詢問飯店對於接送的規則，並問「讓客人在冷風等了一小時是你們飯店希望提供的服務嗎？」個人無法凌駕於他人之上，但用來管理人的規章辦法則可以。指責他人雖可以宣洩情緒，但也會激起對方的攻擊跟對立。然而用對方公司自己制定的規章準則談，透過白紙黑字證明他們未遵守流程造成疏失，得罪了客人，同時暗示這件事情違反制訂這些規章準則的管理上層指示，拿飯店的長官間接為自己建立權威框架。飯店經理可以說客人不對，卻無法說自己長官制定的規則不對。

方法三 提出要求

在協商前，要先想好自己希望的補償方案是什麼。才能在一開口，訂出對自己有利的錨點，不被對方牽著鼻子走。

上述是一些協商的方法，但最重要的，還是**勇敢跨出協商第一步**。自己很重要，自己的需求也很重要，相信自己值得被好好對待也值得去要求對方。透過協商，維持自己的底線，當個有鋒芒的好人。

想一想

如果今天你的老闆想在台灣舉辦一場足球比賽，為了刺激門票的銷量，老闆希望你能邀請到貝克漢來台灣參加開幕球賽，你們公司願意招待貝克漢遊玩台灣。好不容易，你透過關係，跟貝克漢聯繫上了，沒想到貝克漢一口回絕你公司的邀請，貝克漢表示，他平常都在外面比賽，很少時間陪家人，現在是難得的休息時間，他要多陪家人，不願意舟車勞頓地大老遠飛一趟來台灣玩。

提示：身為職員的你，該如何善用「隱藏人物」這招，成功說服貝克漢來台灣參加開幕球賽？

解法

第一，開出天價讓對方無法拒絕。在跟老闆請示後，老闆表示願意開出天價重金禮聘這位國際級明星足球員。但很可惜，貝克漢不缺錢。我們口中的天價對他而言根本是廉價。

第二，用情緒勒索的方式，上演一齣苦情劇碼，告訴貝克漢，你上有老，下有小，一家人全仰望你這份薪水過活。老闆放話說，如果無法邀請到貝克漢來台灣出席開幕球賽，你就會被解雇，全家人流落街頭。貝克漢表面上同情你，但畢竟跟你非親非故，不至於為了你的人生，大老遠飛來台灣一趟。

看來只好使出壓箱寶：找出隱藏人物這招了。從貝克漢的回覆中可以感受到，貝克漢非常在意跟家人相處的時間，尤其貝克漢寵愛他的小女兒是眾所皆知。如果邀請貝克漢一家人來台灣玩，或許貝克漢有機會接受！

這是一個不錯的點子，但要注意，這件事情不能由我們自己開口。由我們開口很可能馬上被貝克漢一口回絕說，我在家裡也能陪小孩，何必帶著一家大小，坐這麼遠的飛機去台灣玩？這個點子要由貝克漢的家人開口提出要求，最好是由貝克漢的小女兒開口要求效果更好。家人，是能夠影響貝克漢做決策的隱藏人物。

於是，你買了六張從英國到台灣的頭等機票，附上台灣的旅遊導覽手冊，直接寄到貝克漢的家中。貝克漢的太太、兒子、女兒看到這些免費機票、又翻閱導覽手冊，想揭開東方神秘面紗的心蠢蠢欲動──多想跟同學們炫耀來過台北的一〇一、吃過鼎泰豐本店啊！這些對貝克漢具有強大影響力的隱藏人物，瞬間成為你的盟友，幫你一起說服貝克漢來台灣玩，尤其身為掌上明珠的小女兒，只要撒個嬌，貝克漢哪有不從的道理？

心機三

善用心理戰略才能讓人真正付諸行動

善用攻無不克的「理由」說服法

我剛下公車，就看到一個正妹提著籃子，免費發放面紙。

「太好了！」我心想。我是一個身上沒有面紙就會小焦慮的人，通常，我會隨身攜帶面紙以備不時之需。此刻，我身上的面紙剛好用完了，正覺得有些苦惱呢！免費發放面紙是我覺得最好的宣傳方式了，比廣告傳單好上百倍。廣告傳單只能用來墊便當，面紙則可以隨身攜帶，每當路人拿出面紙使用、或將面紙分享給朋友使用，等於又多了一次宣傳的機會。如果我哪天需要印廣告，我絕對會選擇將宣傳印在面紙上免費發放。

但在我拿下面紙之前，還刻意停頓觀察了一下。我深知「互惠原則」的影響力，當我拿了這包面紙之後，我無故得到一項禮物，心中會有所虧欠，此時銷售員如果對我提出一些小要求，例如要我幫忙填個問卷或試用產品，我會很難拒絕。

掃描 QR Code
聆聽本章內容

「恩，很好，他們雙手空空，除了面紙之外沒有其他東西，我拿了應該很安全，不會被叫去做其他事情。」於是，我很大方地伸出雙手，露出友善的微笑，獲得一包面紙。

我正打算離開的時候，銷售員將我擋了下來說，「我們的店家就在前面，可以請您進來幫我們填個表單嗎？」正妹銷售員對我露出大大的微笑，無辜的眼睛眨呀眨。

心理學上的推銷法

「我抬頭一看，天啊！他們的門市真的就在旁邊，可惡。我觀察這麼久，竟然沒發現他們的門市就在旁邊，要是知道我絕不會拿這包面紙。」我看看門市，從外面看不到裡面長什麼樣子。我感覺很恐怖，深知進去就成為待宰肥羊，他們一定會在我填表單的時候，要我試用產品，然後乘機推銷我購買。這是心理學中一種名為「腳在門內法」的技巧，就好像推銷員登門拜訪直接推銷，只會被人甩上門一口回絕。因此銷售員先把腳卡在門內，提出小要求讓我們不好意思拒絕，無法直接甩門關上，接著再乘機說服我們、提出大要求，使我們接受大要求的機率增加。

「哼！我可是心理師，這種技法我早已看穿。我深知要避免落入此種技法的最安全作法，就是當對方提出小要求的時候，就得狠下心來拒絕，後面的大要求自然沒機會登場。」於是，我再次露出友善的微笑，告訴對方我趕時間沒辦法去填表單。

「拜託啦～我們被規定一天內要請人填一定數量的表單，今天都還沒人填，我會被老闆罵。」正妹銷售員用可以把人心融化的聲音，可憐地說著。

「對啊對啊！妳幫幫她嘛！填個表單很快的，這樣她就不會被罵了。」正妹銷售員的同事還在一旁幫腔，搞得好像只有鐵石心腸的人才會這麼不近人情地拒絕不幫忙。

我有點動搖了。但再看看他們店門，完全看不到裡面有什麼。我一個女生進去，不知道走不走得出來呢！看來我只好當鐵石心腸的人拒絕銷售員的「小要求」了。

「不好意思，我真的很趕時間，真的非常抱歉！天氣這麼熱，你們也辛苦了！」一說完我馬上快步逃離現場，同時心裡嘀咕著，她們老闆幹嘛不把問卷跟試用品拿出來外面，這樣成功機會說不定還比較大，要不然至少也把店面弄成透明的玻璃門嘛！不知道對路人來說，要進去一家看不出裡面是怎樣的店面，是有點恐怖的事嗎？畢竟現在社會案件這麼多，人與人之間的信任哪是這麼容易可以得到的。

回到家後，我還餘悸猶存。心想還好我讀過的心理學理論派上用場，我在對方提出小要求的時候就狠心拒絕，沒讓自己落入更難脫身的窘境中。同時，我也思考著，如果我是那家店的老闆，又很需要潛在顧客進到店裡面來體驗，該如何改進，以增進潛在顧客登門的機率？

我開始分析銷售員使用的技法。一開始她們做得很好：

一、交換需求達成目的：

根據社會心理學家佛亞博士的人際關係資源理論，他主張**所有的互動其實都是交易**。人合作的原因，是出於給予及獲取資源。而資源的定義，正是「能夠由一個人傳遞給另一個人的東西。」

因此，這家店選擇面紙作為宣傳是非常成功的策略。面紙是路人「需要」的物品，所以索取的人很多，他們成功吸引路人的注意力。

二、「互惠原理」與「腳在門內法」：

接著，銷售員使用「互惠原理」，當路人拿了免費的面紙後，基於報答的心態，會增進答應銷售員提出「小要求」——幫忙填表單的機率。當我們幫忙填寫表單，銷售員就會開始提出更大要求——試用產品並購買產品。

三、「弱勢者」與「情緒說服」：

銷售員放低姿態、用可憐地語氣請求幫忙，試圖引起同情。扮演「受害者」總能吸引人想要「英雄救美」地拯救對方脫離苦海。

當路人拒絕後，銷售員使出「弱勢者＋情感說服」的技巧，讓路人同情銷售員是聽命於老闆的辛苦員工，使人聯想到自己也是辛苦的員工，很多時候也希望有人可以幫忙自己，便將素昧平生的陌生人銷售員與「過去可憐的自己」連結起來。我們不幫銷售員就等於不幫可憐時候的自己。

四、社會認同：

當我們拒絕的時候，銷售員的同事會趕快加入，強調銷售員很可憐，一起拜託我們幫忙她。尤其當同事的數量達到三人以上，會形成一個小型的社會，讓我們更難拒絕。這是因為**人**

天性有從眾的心理需求，跟隨大眾的標準或要求。畢竟在遠古時代，跟隨大眾可以讓自己減少暴露於危險中，這是演化留下的天性。

五、「請求幫忙」是建立關係的終極技巧：

我們都以為送人東西、幫忙他人，是最好建立關係的方式。殊不知根據心理學研究發現，**「請求幫忙」其實是建立關係最好的技巧**，而且別忘了，你手上正拿著他們剛剛送給你的面紙，在「免費獲得」與「請求幫忙」的雙重夾擊之下，實在令人難以拒絕。

即便經過這麼多縝密的心理技巧設計，還是被我拒絕了。店家的問題出在哪？

A銷售員不夠正。

B店門設計讓人看不到裡面。

C缺乏理由。

一定有很多人選「B店門設計讓人看不到裡面。」，可惜這是我故意誤導的。B是理由之一，但最關鍵的問題，其實是出在「C缺乏理由。」。試想下面哪句話比較能吸引我們進去一家看不到裡面賣什麼的店家？

- 說法一：「進來裡面填個表單吧！」
- 說法二：「進來裡面填個表單吧！天氣這麼熱，我們備有冰涼的水跟飲料，還有冷氣，可以坐著休息一下。」

相信「說法二」能大量增進路人進去店裡的機率。為什麼呢？記得上面提到「所有的互動其實都是交易」嗎？能提供選項滿足路人所需，不用使出苦情計，也能成功吸引人。

尤其這家店面其實是一家保養品公司，相信許多帶著孩子的媽媽聽到可以進去坐著吹一下冷氣喝個水，一定很難抗拒這樣的誘惑。加上媽媽是這家保養品公司的目標族群，許多媽媽沒有時間好好逛街購買保養品，成功推銷購買的機會非常大！只要提供冷氣、水和座位，就能談成一場雙贏的談判。

這就是「理由」的影響力。**在我們提出要求時，順帶告訴對方「為什麼要答應我們的請求？理由是什麼？」，就能大大提升對方答應的機率。**

附加「理由」增加說服成功機率

然而為什麼只是多加個理由，就能大大提升對方答應請求的機率呢？有什麼證據可證實這個說法？

哈佛大學心理學家艾倫．蘭格在一九七七年時，曾做過一個實驗，研究在提出要求的時候，附加「理由」，能增加多少說服對方的機會？於是，他跑到圖書館的影印機前面，人們在那大排長龍地排隊等著影印文件。

蘭格想知道怎麼說，可以說服排隊的人龍們讓他插隊。他提出以下三種不同請求的方式：

- 請求一：「抱歉，我有五頁文件要印，可以讓我先使用影印機嗎？」（只有請求）
- 請求二：「抱歉，我有五頁文件要印，**因為我趕時間**，可以讓我先使用影印機嗎？」

（請求＋合乎邏輯的理由）

- 請求三：「抱歉，我有五頁文件要印，**因為我需要影印**，可以讓我先使用影印機嗎？」

（請求＋不合乎邏輯的理由）

用「請求一」的方式提出要求，說服對方讓他插隊的機率達百分之六十。用「請求二」的方式提出要求，成功插隊機率達百分之九十四。這滿合理的，畢竟從小我們被教導「助人為快樂之本」，他都說趕時間了，當然會增加排隊的人願意讓他插隊的意願。

最讓研究人員困惑的是，用「請求三」的方式提出要求，成功插隊機率竟然跟「請求二」差不多，有百分之九十三的人願意讓他插隊，可是「請求三：抱歉，我有五頁文件要印，**因為我需要影印**，可以讓我先使用影印機嗎？」明明是廢話啊！「因為我需要影印」算

• 三種請求成功的機率

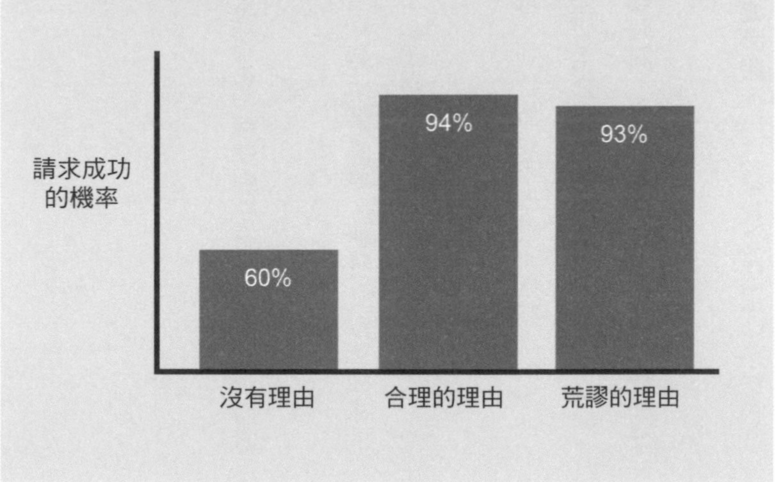

是什麼理由？大家在這排隊不都是因為需要影印嗎？

「請求三」這個毫無道理可言的理由，竟然跟合乎邏輯的「請求二」理由，一樣讓人信服，願意讓他插隊？問題出在哪？

前面章節提到，人的思考決策方式分為兩種，一種是直覺、情感、不太動腦的決策模式，稱為「情緒腦」；一種是深思熟慮、謹慎思考的決策模式，稱為「認知腦」。當人走在路上的時候，會偏向使用「情緒腦」決策模式來思考，因此不會停下來認真思考太多事情，我們給個理由，對方自然而然就會覺得合理，隨之答應我們的請求。

「理由」須符合「對方需求」

求職面試時，分別有三位應試者，如果你是老闆，你會錄取哪位應試者？

- 小明：「拜託錄取我（**提出要求**）！」
- 小花：「拜託錄取我（**提出要求**）！因為我需要這份工作養活我自己，不再當啃老族（**符合自己需求的理由**）。」

・小草：「拜託錄取我（**提出要求**）！因為你們的工作很需要自律跟創意，這完全符合我的個性（**符合自己需求的理由**），而且我的所學能協助貴公司產出品質更好的作品（**符合對方需求的理由**）。」

如果你是老闆，你會錄取哪位應試者？小明只會讓老闆覺得：「我幹嘛要錄取你，優秀的人這麼多！」；小花則讓老闆覺得：「他爸媽好可憐，這麼老了還要花錢養孩子，如果沒特別優秀的面試者，我就施捨他一份工作吧！」；小草則會讓老闆為之驚艷：「哇！他對我們公司極具價值，即便薪水高一點，我也一定要聘用他。」

因此，如果你想成功說服對方，獲得自己想要的，例如，成功以優渥薪水應徵到工作，除了把握「**提出要求的同時，附加理由**」的原則之外，還需切記**「理由」最好符合「對方需求」**。記得前面說過「所有的互動其實都是交易。」這句金科玉律嗎？想讓人答應我們提出要求的最好理由，就是「符合對方需求」的理由。告訴對方為什麼他要答應我們的請求？對他有什麼好處？我們的理由只要能吸引他，說服成功必定手到擒來！

攻無不克的「理由」說服法

- 提出要求的同時，需附加「理由」。
- 「理由」最好符合「對方需求」。

協商攻擊術一
沉沒成本

什麼？天底下竟然還有這種電影院？

這是台北市內某間真實存在的電影院。有天，我工作結束，難得還有一點時間，想去放鬆休息一下，臨時找了朋友相約看電影。但實在太臨時了，我常去的電影院票都賣光了，只剩下這家電影院有位置。

「小確幸耶！我應該是全天下最幸運的人吧！這麼夯的影片，竟然還讓我買到座位，而且還是中間的位置耶！」我抱著感恩的心，走進電影院。

一看到電影院只有幾排座位，我有種被騙的感覺。這樣小小的螢幕尺寸，跟我在家自己用投影螢幕看影片有什麼差別？

「算了！既來之則安之，難得可以看到最新上映的片子，說不定很好看呢！」我在心裡安

掃描 QR Code
聆聽本章內容

慰著自己，更加期待電影播放，能夠一掃我的陰霾。可我越看臉越臭，這個劇情實在稱不上有邏輯跟鋪梗、也沒什麼笑點，無法幫助我達到放鬆的效果，聲音效果也不怎麼樣，重點是男主角還不是我喜歡的帥哥類型，無法安慰我疲勞的雙眼。我看了看手錶，電影還剩下五十分鐘。我掙扎了一下，心想，我是要離開電影院，去逛街獲得愉快的一晚？還是繼續看完剩下五十分鐘的電影？但等到電影結束，店家都已經關門休息，我就沒機會逛街了。可我電影票錢都花了，說不定這部片只是劇情鋪梗比較長，後面會意外地好看呢？我要浪費這電影票的錢嗎？

如果是你，會選擇A方案還B方案？

A付錢後發覺電影不好看，但忍受著看完。

B付錢後發覺電影不好看，離開去做別的事情。

根據諾貝爾經濟學獎得主斯蒂格利茨的說法，大部分的人會寧願選擇繼續看完電影，而不把寶貴的時間拿去做其他更有吸引力的事情。這稱為「沉沒成本謬誤」。事實上不管決定繼續看，或離開戲院，兩種情況下都已經付了電影票的錢。經濟學家建議此時的決定不應該考慮到買票的錢，而應該以看免費電影的心態來作判斷。只是花點冤枉錢，還可通過騰出時間來做其他更有意義的事來降低機會成本，而選擇繼續看完爛片則要繼續受冤枉罪，毀了快樂的一晚。

厭惡損失反造成錯誤分配資源

「沉沒成本」（Sunk Cost）是指已經付出且不可收回的成本。此為經濟學和商業決策制定過程中，會用到的概念。美國卡內基美隆大學助理教授克里斯多福・奧利沃拉認為「沉沒成本效應」是一種人性的普遍傾向，當我們投入了一定的時間、金錢或某種資源在一項選擇之後，便會持續努力做這件事，即使已經開始覺得繼續做下去不划算或不那麼想要，仍像受詛咒般，堅持繼續投入，這樣的效應就成了一種謬誤。

學者海爾・阿吉斯和凱薩琳・布倫默用一項實驗驗證沉默成本的謬誤：

假設你已經花了五千元報名一堂衝浪之旅，後來發現另一家公司的衝浪之旅只要三千，而且各方面行程都優於五千元那家，於是你也買了另一家的衝浪之旅。

悲劇發生了，你買了之後才發現這兩家公司的衝浪之旅日期相同，而且這兩家公司都說不能退費也無法更改日期。你只能選擇去其中一家的行程，但無論如何你都已經花了八千元了！

請問你會選哪家？

大部分人會選擇比較貴但行程比較不好的那家。即便不管選哪家都已經花了八千元，但沉沒成本讓我們覺得選貴的損失比較小。人們有時候寧願現在和將來的結果沒這麼理想，都不想承受那些已經過去，追不回的成本帶來的心理壓力。

這種對「浪費」資源很擔憂害怕的現象，被稱為「厭惡損失」。比如強迫自己看一場根本不想看的電影，只因怕浪費買票的錢。這種「沉沒成本謬誤」在經濟學家們眼中是極度「不理智」的行為，基於毫不相關的「歷史成本」信息對「現在或未來」作出決定，錯誤地分配了資源。以下為幾種常見的沉沒成本謬誤案例：

案例一：儲物狂

我在臉書上認識的網友廖心筠小姐，是一位非常優秀的居家收納專家，她發現有些人似乎有「囤物癖」，家裡壞了或沒用的東西捨不得丟，寧願讓自己家裡變得很雜亂，連走路空間都沒有，仍不願丟掉，就算家人偷偷拿去丟，還是會再撿回來，家裡永遠像垃圾堆。她曾問過我這類人背後是什麼心理？其實，這正是「沉沒成本謬誤」的展現，因為擔心以後會用到，還要多花錢買，不如好好保存起來，避免未來花錢的損失。卻忽略儲藏空間也是一種成本，尤其在租金高漲的年代，占據空間來保存一輩子或許都不會使用的東西，才是一種浪費。

案例二：無法揮劍斬情絲

沉沒成本謬誤不只展現在「空間上」過度囤物造成的浪費，也時常出現在「心理上」囤積一些不好的人事物，不願意斬斷孽緣，斷捨離不對的人。例如我的朋友愛莉，交了一個會在心理上與生理上虐待她的男友，這個男友整天在家打電動，時不時向愛莉伸手要錢買遊戲點數，如果不給，男友就會偷她的錢。愛莉後來更發現，男友還會趁她去上班的時候，偷吃其他女生。每次男友都說下次不會再犯了，卻一而再，再而三的劈腿。為了偷錢、不工作、劈腿的事情，愛莉與男友時常發生口角，男友會勒住愛莉的脖子，暴打她一頓。

這麼爛的男人，為什麼愛莉不離開他？愛莉長得漂亮，經濟上自給自足，甚至分手後不用再給男友錢，可以過更好的生活。每次，愛莉都說這次不會再原諒男友了，卻一次次地跟男友復合。我問她到底為什麼不分手，愛莉說：

「我已經跟他交往三年了，我花了這麼多心力想要改變他，循循善誘這麼久，在他身上投入多少金錢跟青春年華，還有這些感情，怎麼說放就放，我不甘心啊！」

我聽著很心疼愛莉，她已經投入過多時間、金錢、情感在這段關係中，唯一的盼望，就是期待男友哪天能改變，成為她心目中期待男友該有的樣子，唯有這樣，她的投入才不會損失，痴痴的等下去，或許有一個盼望，投資可以獲得回報，男友可以上進、專情、正直。然而，我們心裡都清楚，這終究只是一場夢。唯有認清投入的損失，認賠殺出，才能停止繼續生理與心理上的受虐、早日覓得好姻緣。

案例三：不願認賠出場

在商業活動中，也常見到沉沒成本謬誤。例如，公司已經花了三個月買廣告做宣傳，但效果遠低於預期，這時候應當直接了當地停止這個沒有成效的計畫，避免投入更多人力與預算。但實際上，公司主管會反駁：

「我們都投入這麼多錢做廣告了，現在停止，那些錢不就都打水漂了嗎？我們應該投入更多預算，更大量宣傳，甚至花更多錢、找網紅合作業配，想辦法達到預期目標，把過去花費的時間金錢賺回來！」。

這種心態其實就跟賭徒的心態一樣。賭徒打了一晚的牌，每場都輸，沒錢了，連家裡房產都押上，因為賭徒認為現在放棄，之前的損失都成為不可逆的現實了，但如果最後賭一局可以翻盤，他不但能避免損失，還能反敗為勝。但事實上，輸了的錢就是已經確立的損失，繼續賭下去只會輸更多。與其繼續深陷「沉沒成本謬誤」輸了金錢、房產、家人，不如認清自己慘賠的事實，隔天去找工作，扎實地把錢賺回來。

投資股票也是一樣的道理。我記得小時候，身邊大人們常常轉開電視盯著股市看，每次看到買的股票高於當初買入價了，就會急著賣掉。反之，當股價開始下跌，跌到低於買入價的時候，無論如何絕對不賣，哪怕股價繼續往下跌，仍堅信認為未來某天股價說不定會漲回來，自己就算沒賺，至少不要虧損。用當初買入價作為是否賣出的錨點，糾結於沉沒成本，反倒讓自己虧的錢越來越多。買賣股票應放掉當初的買入價，以股市未來前景作為判斷依據，避免陷入沉沒成本謬誤。

案例四：電玩遊戲成癮

我以前在國中擔任專任輔導老師時，最困擾的問題，就是遇到學生沉迷於網路遊戲，甚至為了在家跟朋友相約練等，連學校都不來了。我一直在思索，教育到底出了什麼問題，讓上課變成一件這麼無聊的事情？電玩遊戲公司又是如何設計遊戲，讓玩家竟然能夠一直沉迷？老師是否能向遊戲公司學習，將教學設計成一個個遊戲關卡，讓學生一起來解決任務，至少讓學習變得有趣一點。其實打電玩跟讀書的過程很像，電玩遊戲必須一直打怪升等練裝備，打久了其實挺無聊，因此遊戲公司常會設計每日登入的獎勵，鼓勵你每天繼續玩下去，就算不玩也會登入拿個獎勵，產生對遊戲的黏著度。在打怪過程中也會遇到挫折，有時候一直卡關，有時候組隊開戰一直被電爆，心情很不好，就像讀書的過程，我們常常很努力準備，考試成績卻不如預期。我常想，那些一直打電玩打出成績的學生，若將這種克服困難與挑戰的心用於讀書上，相信成效會非常不得了。

許多玩家告訴我，其實一開始玩這款電玩只是因為大家都在玩，自己也就偶爾打開來玩，當作紓壓，還可以認識朋友。但玩到後來，拚命練等，其實已經失去當初紓壓的樂趣，可是捨不得花這麼多時間心力，甚至金錢才換來的等級，只好說服自己要繼續玩下去，甚至發誓要成為第一，讓過去一切的投入顯得更有價值。我常建議玩家們，以後打開遊戲，每日登入領取獎勵之前，先感受一下，這些例行公事對你而言是獎勵還是懲罰？

案例五：影響個人生涯發展

我過去在大學擔任心理師時，遇到許多學生面臨要不要轉系的抉擇。轉系最好的時間是在大一或大二的時候，讀了一段時間，發現自己沒興趣或實在讀不來，趁早轉系，不但減輕自己的痛苦，還能在其他系所找尋到自己的另一片天空。

但實際狀況是，大部分的學生讀了一、兩年後，即便發現這科系不適合自己，仍硬著頭皮想要讀完，不想浪費前面兩年修課得到的學分，更不想因為轉系讓自己需要延畢，浪費前面幾年的時間。我親眼見證許多學生受到這種沉沒成本謬誤的影響，硬是讀到大四，才發現自己無法畢業，陷入憂鬱沮喪中，覺得自己沒有未來。有些學生終於認清賠殺，意識到自己如果要拿到大學畢業證書，只能快點轉系，後悔著早知道當初大一、大二的時候就該積極準備轉系。

另外，有些學生仍深受沉沒成本效應，認為自己花了三年多念這科系了，沒有道理在最後一刻轉系，可是修課又一直被當掉，實在沒有能力念畢業，開始出現嚴重的身心疾病，壓力大到日常生活都失去功能，連洗澡都沒有動力，身上的臭味影響人際，煩躁的脾氣也讓人無法跟他相處，因而越來越孤立，也越來越沒動力去學校上課，最後深陷憂鬱症，別說畢業找份正常工作了，就算去便利商店打工，也做不到，因為日夜顛倒的他，無法按時起床上班，有時候憂鬱發作，甚至會睡個整整兩天不醒來，未來連拿基本薪資勉強養活自己都有困難。

有能力一點的學生，硬著頭皮讓自己畢業了，找到一份還可以的工作。每天生活就是持續接觸不喜歡的領域，覺得厭煩，想轉職。可想到還得重新去學習，再辛苦一次，就覺得累，於是開始說服自己，雖然沒有很愛現在的工作，但也不算討厭到無法忍受，將就一下吧，得過且過活完一生。

作決定前，先設定停損點

人生有很多選擇，不可能每樣選擇都是最完美的結果。但也不代表，當我們不喜歡之前選擇的道路時，不能重新來過，選擇另一條道路。人有無限的可能性，糾結於沉沒成本，表面上看似沒有損失，暗地裡損失更大，甚至賠了自己的一生，過得不開心、無法發揮自己的潛能、生命失去意義。死守著沉沒成本不放，投入越多，越難放手，花越多心力說服自己將就，一輩子也就「醬」了。

人之所以出現這樣矛盾的心理，是因為我們認定「有志者事竟成」、「天下無難事，只怕有心人」，就像賭徒的心態一樣，繼續做下去，說不定哪天會翻盤，取得成功、權力、地位，那麼這一切不喜歡的事物或許也就沒這麼難以忍受了，過去的付出終將獲得回報。我們害怕對於已經付出的東西改變想法。求學過程中，從沒有人教我們要懂得適時放棄，師長父母總說放棄是不對的，是自己努力不夠、放棄是人生的輸家。我們擔憂如果新選擇沒有比較好呢？我敢冒這個險嗎？有辦法承擔身邊親朋好友的質疑與反對嗎？同時在心裡氣自己——如果現在要放棄，當初幹嘛做出這樣的決定？或甚至怪罪爸媽當初硬逼我念這科系，害我一生不快樂，卻忘了，不選擇也是一種選擇，是順從爸媽決定的自己，一起與爸媽做了這個決定，卻不願意為這個決定負擔起責任。我們可以生父母一輩子的氣，但問題不會解決，人生終將是自己的，除非認清沉沒成本謬誤，放棄已經付出的努力，給自己一個重新選擇的勇氣與機會，才能為自己開創新生活。

理性的評估，是認清忽略已經投入的成本，過去花了多少心力不重要，重點是現在的形勢和對未來的評估。過去的投入屬於「歷史成本」，對「此刻」的決策而言，是不可控制且無法挽回的成本。**當我們在做決策時，不應該考慮歷史成本，應當考慮當前或未來的決策就好**。但人就是情緒上的動物，總會糾結在已經無法回收的付出，基於「厭惡損失」的心理影響，不客觀、錯誤地投入更多成本，糾結於選擇，但事實是，沒人可以準確預測未來的事情，也沒人總是選擇正確，因此建議再開始做任何一件事之前，先想好停損點，當作出的決策不斷讓我們虧損，超越停損點時，就應該懂得收手，重新做出選擇。緊抓「過去」無法讓你對於「未來」做出正確決策。過去已經發生的事情無可挽回，別再為過去留戀、哭泣，人生無論何時，都可以重新開始。

使用沉沒成本作為協商攻擊術

掃描 QR Code
聆聽本章內容

在協商過程中，「沉沒成本」常被對手拿來做為一種攻擊術。假設今天我們是一位高級服飾店的店員，整個晚上都沒客人，好不容易盼來了一位，這位客人卻很挑，試裝試了兩個多小時，幾乎店裡面所有衣服都穿過一輪了，我們焦急地看著手錶，發現再十分鐘就到打烊時間，心中疑惑著這位客人到底會不會買單？我們花了一整晚陪他挑衣服，該不會今天連這一個業績都飛了吧！

還好，客人在分針走到五十七分，離打烊時間剩三分鐘的時候，帥氣地把信用卡拿出來，要買一套上萬的西裝，我們心中雀躍不已（這晚總算沒有白費），正當我們要接下他手中的信用卡結帳時，對方突然抽回手，詢問我們：

「我都買了這麼貴的衣服了，多送一條領帶吧？」

我們抑制著心中的怒氣，仔細評估這個局面。此時已經投資了兩個小時的時間，而且一心想要下班了，答應對方，甚至自己補貼一點錢送他一條領帶，就可以幫自己多達到一筆可觀的業績，答應或不答應？

大部分店員會答應。那是因為大部分的人不懂得破解之法。

破解方式　最後瞬間提出小要求並獲得

最好的破解方法，就是「以其人之道還治其人之身」，要知道，店員投資了兩個小時的時間，客人也同樣花了兩個小時拚命試穿才終於挑到一件合身又能負擔的高檔西裝，善用客人不想損失時間心力的沉沒成本謬誤，我們可以這樣回應：

「您果然眼光好，這套西裝配這領帶就對了！您也順便再帶一件適合這領帶的襯衫吧！那這條領帶我就免費送您，這樣搭配太有質感了！」

客人心想，跟一套上萬的昂貴西裝比起來，一件幾千塊的襯衫顯得不太貴。況且如果多買一件襯衫，就可以多擁有一條免費的領帶，這樣整套搭配下來也的確滿搭的，不用再多花時間去挑選適合的襯衫搭配這麼有質感的西裝，聽起來很划算。況且，如果拒絕店員的提議，難道我還要去其他店再花時間挑選一輪嗎？我不一定可以挑到喜歡的，而且這套西裝的價位我覺得很合理。受到沉沒成本誘惑的客人，二話不說多買了一件襯衫回家，店員跟客人對於這筆交易彼此都覺得非常滿意。

同樣的道理，也可以用於買賣二手車上。辛逸是我的好友，最近剛為人父，之前開的小轎車已經不適合了，他打算將車賣了，再買新的休旅車，帶家人上山下海、遊山玩水。預算有限的辛逸打算將他的車至少以三十五萬元賣出，他花錢在臉書上買廣告，宣傳出售二手車的消息。

有意願購買的人很多，但大家都只願意用三十萬元買下這款車。辛逸認為他的車保養的特別好，平時使用很小心，內部零件也都沒問題，值得用高於市場平均價的三十五萬元賣出。

終於，這天，有一位年輕人私訊辛逸，說他願意用三十五萬元買下這台保養得宜的二手車，甚至立馬匯了三萬元當訂金，請辛逸為他保留車子。辛逸撤下臉書的廣告，同時拒絕其他出價的買主。

五天後，辛逸接到這位年輕人的電話，對方哭訴他媽媽本來願意資助他買這台二手車，但沒想到媽媽看了照片後很不喜歡這車型，放話如果我要買這款車，她就不資助我。可我訂金都付了啊！我也不想損失那三萬元訂金，況且，我也不想毀約。可我到處借錢，最多也只能湊到三十萬元……

辛逸覺得非常生氣，這年輕人也不早說，害他拒絕了其他買主，現在又重新刊登廣告、再一個個跟買主協商實在太浪費時間了，而且辛逸心裡也清楚，大部分人只願意開價三十萬元，再費一次工夫，協商到的價格可能也不會好太多……算了！自認倒楣答應這位年輕人吧！

最後，這位年輕人用三十萬元的價格，順利買到一台保養特別好的二手車。事實上，這位年輕人打從一開始就只打算以三十萬元購買，但他深知直接殺價是不會成功的，於是他表面先假裝答應三十五萬元的價格，最後瞬間再抽手，提出降價要求，看準辛逸不想再多費一次工夫重新找買家，最後成功從眾多競爭者中脫穎而出，用便宜價格買到好車。

沉沒成本這招的精髓就在於**「最後瞬間提出小要求並獲得」**，就如同客人在要結帳時要求多送一條領帶、又如店員反要求客人多買一件襯衫就送領帶，再如這位買二手車的年輕人，最後瞬間提出降價的要求，成功談成一筆好生意。若直接提出要求，很容易當下立馬被拒絕，連協商的機會都沒有。善用沉沒成本效應，就如同先把一隻腳伸進對方的門內，給對方一個希望——跟我交易可以達到你的期望，阻擋對方關上協商之門，同時讓對方放掉其他替代方案，增進自己協商優勢，當對方「心理上」覺得沒選擇、不想接受過去的損失時，只好犧牲利益，順從我們在最後瞬間提出的小要求，贏得一場漂亮的協商交易。

協商攻擊術二
壓力戰術

「可惡，明明前一晚沙盤演練過面試情境，沒想到今天面試，老闆問我薪水要多少，我竟然開不了口，很俗辣的回說依照公司規定。我好氣自己啊！」

二十四歲的李玉是我的表弟，今年交大資工系碩士剛畢業，這是他這輩子第一次面試找一份正式的工作。今天面試的這家科技公司，是李玉心目中的第一志願，為了幫助李玉面試順利，我前一晚特地找了些在科技業上班的朋友來扮演面試官，舉辦模擬面試。

「怎麼回事呢？昨晚模擬面試時，你表現很穩啊，問你薪水這個題目昨天也演練過，你的回答沒有一百分也有九十分！怎麼今天面試就不敢提出要求了呢？是面試官看起來很恐怖嗎？」我焦急地問表弟。

「表姊妳不知道！這家公司大廳有夠氣派！我一走進去就覺得我好渺小，接著我被領到一個小房間，裡面擠滿等待面試的人。我一看到競爭對手有這麼多就開始擔心了，如果我提出薪水的要求，會不會就無法被錄取了。而且那個小房間好吵好熱，我在那等了一個多小時吧，裡面空氣稀薄，我都快窒息了。」表弟說。

「唉～不妙，看來這公司對面試是經過巧妙安排的。」我心想，難怪表弟會在面試當下無法開口要求薪水。

「然後好不容易輪到我要去面試了，沒想到我被領到一個房間，先做了些很難的英文測驗，做完測驗我自信都沒了，很怕分數不能看。接著有人帶我坐電梯上很高的樓層，感覺就是要見很了不起的人。果不其然，打開門有三個面試官坐在那，西裝筆挺的，每個臉都好臭，一直問我一些很刁鑽的問題，裡面冷氣開得好冷，我一直發抖，我也不知道是因為冷才發抖，還是太害怕、太緊張了。最後面試官說這只是一面，如果通過了，下次還得再來接受二面。表姊妳說，我哪敢提薪水啊！我花了幾乎一整天面試耶！好不容易熬過這些，如果要求薪水，失去二面的機會怎麼辦？」

中了「壓力戰術」圈套

聽到這裡，我很肯定表弟中了對方所設下的「壓力戰術」圈套。還記得前面提過「情緒腦」讓我們依照直覺、快速地做出反應嗎?當我們處於「情緒腦」、陷入求生模式中，就不可能運用你學過的任何協商技巧與人互動，空有一身協商密技卻一個也使不出來。

李玉面試的公司，巧妙地利用層層關卡，例如，熱到令人窒息的小房間、故意讓眾多面試者碰面、冷到發抖的面試房間、艱澀的考試與提問等等，讓面試者心理上感到很不舒服，「情緒腦」不斷被激發，「認知腦」逐漸失去主導權，讓人只想快點結束逃離現場。

壓力戰術不只發生於找工作面試，其實生活中時常碰到。例如，當你要與對方協商的時候，對方開著百萬名車來接你、身穿高級名牌西裝、漂亮的接待員、位於昂貴地段的辦公室……我們心中不禁認為能跟這樣的大人物談生意真是太榮幸了，還要討價還價根本就是給自己難堪。

或是設想一個情境，當你到了對方公司，對方卻故意在你面前提起等等有一位大人物要見面，所以能夠跟你談話的時間只有十分鐘、讓你的座位椅子比他矮一百公分、安排你坐在直視太陽刺眼的位置，這些你都忍下來了，沒想到在你準備開口說話的時候，對方吩咐助理：「接下來兩分鐘幫我擋掉所有電話。」

你心想：「咦？不是說有十分鐘可以談嗎？怎麼變成兩分鐘了？」於是，你加快簡報的速度，對方卻一臉無聊的敲著桌子，不斷偷看手錶。你更緊張了，心想你的簡報是否很無聊？看來自己是徹底失敗了……

沒想到簡報結束後，對方雖然連你的名子都不記得，但願意給你一次機會合作看看。你感激對方的恩賜都來不及了，哪還敢開口提什麼條件？

這就是「壓力戰術」，透過層層設計，讓人們在心理上，不自覺地把自己地位縮小，將對方權力地位放大。

必須起身移動的人，處於弱勢

回想一下，去酒吧喝酒時，對待調酒師的態度，以及去餐廳吃飯，對待服務生的態度，你對誰比較尊敬？

A調酒師

B服務生

雖然大部分人對待兩者，都會維持禮貌的態度，但我們認為服務生介紹推薦哪道菜是應該的，甚至一餐吃下來，很難記住服務生的長相；反之，我們卻會花比較多時間觀察調酒師、向調酒師小心翼翼地請教哪杯飲料比較好喝，感激他的推薦，甚至期待可以跟他聊個幾句當朋友。

會有這樣的差異，是因為當我們親自起身移動到調酒師身邊點酒時，在移動的過程中，心理上會不自覺放大對方的權力地位，因為我們得設法吸引調酒師的注意力，才能順利點酒。反之，當服務生走向我們的座位，雖然並非出自於有心，但會下意識地認為對方是為我們服務的僕人，縮小對方的權力地位，尤其當服務生得彎腰甚至跪下幫我們點餐時，權力地位的知覺更是扭曲的厲害。

「必須起身移動的人，處於弱勢」，這就是為什麼，面試時，永遠是面試官坐好，等待求職者的來訪。人的心理深知這點，因此，當長官要展現威嚴，訓斥下屬時，比起走到下屬的位置上訓斥下屬，大多數長官會選擇叫下屬來找他，透過讓下屬移動位置，處於弱勢，放大長官的知覺權力。但這也代表，這類長官是個比較沒安全感的人，需要權力地位來保護自己，面對這類長官，當你想回絕長官的提議時，比起直接反駁，拿出更大的權勢來壓制長官，會是更安全的做法。例如回應長官，「這案子之前跟老闆討論過，老闆已經指示照辦了，臨時更改可能會惹怒老闆。」切記，「需要權威的人，內在往往是畏懼權威的」，只需用語言，將更高層的上司拉到與自己同一國，即可破除長官將你叫到他辦公室桌前的「壓力戰術」襲擊。

莫在時間壓力下進行協商

丹尼爾是家外商公司的業務。有次，他出差與日本的公司協商合作條款。這是他有史以來最備受禮遇的一次協商經驗，卻也是最挫折的一次。

丹尼爾一到日本機場，發現對方公司已經派專車在機場等候，準備接送他，甚至司機還貼心的詢問丹尼爾回程機票日期，方便公司安排車接送他回國。

「真是太貼心了！我不懂日文還真不知道怎麼跟日本的計程車司機說要去哪，最近忙著準備協商的資料也沒空研究如何叫車，對方竟然主動提起送機的事情，還可以省一筆錢。」於是，丹尼爾感激地告訴司機，他買了兩天後回國的機票，並跟司機約定好回程的送機時間。

隔天，對方公司再次派車來接丹尼爾，但不是帶丹尼爾去公司談判，而是帶他去觀光。對方說丹尼爾難得來一趟日本，公司特地請了專門的導遊，帶他去幾個著名地點逛逛，盡地主之誼。每當丹尼爾詢問什麼時候要談合作的事情，對方一概回說公司很重視這次合作，不希望怠慢了丹尼爾，談判的事情不急。

丹尼爾心想，先跟對方遊玩吃飯喝酒，建立關係也好，說不定更有助於談到好的條件。也就順著對方的安排，遊覽了一整天，遊遍東京鐵塔、淺草寺、明治神宮等等。

隔天一早，丹尼爾特別早起床，準備與對方協商的資料。下午他就要坐飛機回國了，早上是最後可以談的時刻。沒想到等了一早上，對方公司完全沒來電指定會議時間，丹尼爾打去，對方秘書說有緊急會議在召開，目前主管無法接聽電話。丹尼爾心急如焚，因為他再過三十分鐘就得去搭飛機了啊！難道什麼都沒談到，就這樣空手而歸嗎？我會被老闆罵死，完了完了！

所幸，對方主管與送機司機一起出現，主管一臉歉意的樣子，告訴丹尼爾非常抱歉有事耽擱了，我陪你一起去機場，趁著司機開車的三十分鐘路程，我們快來談談未來合作的條款吧！

可憐的丹尼爾，在車上根本無心好好協商。他一邊擔心趕不上回國飛機，一邊防守對方不斷增加的要求。許多事情需要花時間好好談，但他根本沒時間了，錯過飛機可就浪費機票錢了啊！為了這張區區一萬多元的機票錢，丹尼爾不斷退讓條件，讓公司損失了數十萬元利益。

許多理論指出，**協商雙方有百分之八十的讓步，都是在最後百分之二十的時限內完成的**。當協商面臨最後期限時，協商者常常面臨時間壓力，願意做出更多讓步，讓協商順利完成。因此，對方公司是故意安排接機，探聽丹尼爾的回國機票時間，掌握丹尼爾的協商期限，並故意安排遊完，到最後三十分鐘，才在趕路去機場的途中進行協商。丹尼爾受限於「沉沒成本」的謬誤，認為自己花了時間與機票、住宿錢來日本協商，一定得談個結果回去交代，最後草草讓步。

在協商中，如果不小心洩露自己的時間期限，也應該無視過去所投資的成本（沉沒成本），直接放棄機票，更改機票日期，與對方約定好充足的時間進行協商，莫在時間壓力下草草協議。尤其當丹尼爾不斷致電對方希望盡快約時間談判時，他就在無意中主動靠近對方，縮小自己的權力地位，請求對方盡快安排時間接見他，讓自己還未協商就居於下風。

疲勞開啟情緒腦，易在協商中讓步

二〇一九年二月十二日，桃園市機師工會華航分會罷工事件，史無前例在工會要求下，於凌晨一點進行第三次勞資座談會，對此華航抱怨工會竟不給對手休息時間，引發輿論譁然。同年六月二十日，長榮航空空服員罷工事件同樣發生史無前例的創舉——罷工歷時長達十七天！導致長榮共取消一四三九個航班、影響二十七萬八四二〇人次，營收損失高達二十七．八億元新台幣。

無論是華航事件中的半夜協商，或是長榮事件長達十七天的罷工，旨在激發對方出現心理疲勞的現象，注意力下降、思考整合能力及決策能力下降。為了緩解疲勞，協商者往往願意藉由讓步提早結束協商。尤其在情緒張力相當大的衝突性協商中，度日如年，「磨」與「拖」能讓對手因過度疲勞而放棄自己立場，輕易同意對方的要求。

在日本與澳洲的煤炭協商案例中，充分展現「磨與拖」的威力。照理說，煤炭稀缺的日本在協商中處於弱勢，因為澳洲擁有豐富的煤炭量，對日本來說，很需要向澳洲談成這本生意，購買煤炭。但對澳洲來說，除非日本出價夠好，否則等著買煤炭的國家可多了，不差日本這個買家。

然而，在日本縝密規畫協商策略下，成功爭取到在日本進行協商。這為日本扭轉劣勢。澳洲人歷時十幾個小時的飛行，終於抵達日本，還得飽受時差之苦，協商進行的這幾天，僅靠一個手提箱行李過日子，相比日本人的養精蓄銳，憔悴的澳洲人只想快點結束協商，飛回熟悉的澳洲舒服地睡上一覺，吃著自己習慣的飲食。日本人成功地讓澳洲人從賣家變為兜售商，積極主動敲定會議時間前來協商，無形中縮小自己的權力地位。

破解方式　在權力最大時，開條件

壓力戰術能扭轉權力地位與優劣勢，我們必須在權力地位最大的時候，把握黃金時刻開出對自己有利的條件。就如同晴天賣傘，必須降價打折求人買；雨天賣傘則可把握時機漲價，一傘難求，大家爭相掏錢購買。所以，要睜大眼睛尋求自己何時擁有最大的權力。

身為一個求職者，最大權力時刻莫過於當老闆決定錄取你，但你還在考慮是否答應的這段時間，開口要求待遇、到職日期等等，千萬別在還沒被錄取時搶先說出一堆條件限制，因為這麼一來雇主很可能選擇另一位與你條件相當的候選人；也別在答應這份職缺、到職上班後才開口要求，因為那時大勢已定，沒人願意重啟協商，作為公司最菜的你，也沒權力開口要求。

同理，當我們身為買方時，權力最大的黃金時刻就在「尚未付款前」，只要錢沒進到對方口袋，產品出了任何問題，賣方會盡力協助解決善後，才能收到尾款。千萬別為了顯示自己有錢，或中了對方的激將法，明明可以事後付款，卻搶先一次結清款項。錢一旦進了口袋，買方就居於弱勢，低聲下氣請求對方幫忙處理產品瑕疵的問題，或請求對方退款，對方如果搞失蹤或死活不肯售後處理，大部分消費者只能摸摸鼻子自認倒楣，也懶得為了區區一點錢告上法院，浪費更多時間金錢。其實事情大可不必走到這一步，**把握最大權力黃金時刻，在自己力量最強的時候出招，是對自己的一種保護**。

誰握有權力？位居上風？懂得掌握最大黃金時刻、不受壓力戰術影響，避免沉沒成本謬誤的你，大有機會翻轉成為主導者！

協商攻擊術三

黑白臉

黑白臉策略是大家從小大到很常經驗到的手法，例如，媽媽（扮演白臉）威脅你如果不吃飯，等等爸爸（扮演黑臉）回家就叫他打你。可惜的是，許多人沒有參透黑白臉的戰術，平白在協商中吃虧。

黑白臉策略最著名的故事，莫過於「好警察—壞警察」故事。例如，在審問犯人的時候，如果只是單純嚴刑逼供通常沒什麼用，警察很兇又怎樣？犯人也不是在道上混假的，你要硬我比你更硬！

這時候就要玩黑白臉的心理戰了。先由一個警察扮演黑臉，對犯人很兇，接著假裝生氣出去，兩人關係鬧很僵。然後白臉警察趕快跑進來跟犯人道歉說，「同事因為家裡發生一些事情，心情很不好，才對你很兇，遷怒於你真是對不起。我剛去星巴克買了一杯咖啡請你喝，幫同事向你致歉。」，並詢問犯人剛剛是怎麼回事？請犯人詳細敘說案發過程，看看能怎麼幫他。

根據實驗，犯人聽到白臉警察用自己的錢買了咖啡請他喝，會感到很不好意思，基於互惠原則，覺得自己也要對白臉警察好一點，不要給人臉色看。同時覺得白臉警察好像救星一般，跟自己同一國，對白臉警察放鬆警戒，甚至覺得如果對白臉警察全盤托出，或許白臉警察會幫助自己。

其實，白臉說的話才最該小心。黑白臉策略的高明之處，在於人們常忘記黑白臉是同一國的，錯誤地相信白臉，以為白臉跟自己同一國，無意間透露過多不利於己方的資訊。切記，**白臉說的話才是對方真正的目的，黑臉只是餌！**

然而，在協商中，由誰扮演黑臉，誰扮演白臉，可是一門藝術，攸關成敗！請記住以下兩個原則：

原則一：若要讓步，得上白下黑

當我們要賣東西給對方時，對方理所當然會想跟我們談條件，盡量拗，請我們給優惠，若為了做成生意，我們願意讓步，但記住一個原則：「下面承辦人當黑臉，上面長官當白臉」。

首先，身為黑臉的下屬要先出來，才能襯托出白臉長官給的恩惠，黑臉要先擋對方的條件，態度堅硬、沒彈性，讓握有裁量權的長官當白臉，決定是否退讓給優惠，顯得「恩出於上」。

「恩出於上」不僅僅是為了把面子做給長官、討好長官，更重要的是，「恩出於上」這招，讓我們的讓步顯得有價值。

你知道嗎？讓步也得講求「門當戶對」。設想，身為黑臉的下屬在假裝無可奈何請出總經理來談的時候，也要請對方派出相應級別的總經理來談，當我們讓步時，要讓給對的人，也就是讓給有權做決定的人，這樣對方以後才有權還欠我們的人情，人情可能是具體的條件、優惠，或是抽象的關係建立與表達友好的善意，為未來的合作鋪路。

但若讓給不對的人，只會浪費了白臉所施予的恩惠。若我們讓步的時候，讓己方總經理與對方承辦人談，做面子給對方承辦人，這個黑白臉戰術與讓步策略就完全失敗了！日後當我們想提醒對方當初給予的這個「恩惠」，希望對方這次也能多讓步時，對方只要說：「我身為小小承辦人，實在沒權限做此決定，求您放過我」，我們也無可奈何，再硬逼對方倒顯得自己像壞人了。

最高境界：用於無形之中

另外，當在協商的時候，上級難免有些話不方便說，擔心說了會破壞合作關係。但不說無法探出對方虛實。此時就得派出下屬當黑臉去說，試探對方的態度、底線與籌碼，乘機蒐集資訊，制定戰略。若下屬黑臉說的話惹得對方不高興了，上級再假裝罵下屬不懂事，請對方原諒下屬是新人，回去必定會好好教育。上級都代為道歉了，對方也不好意思繼續生氣。上級成功不冒任何關係破壞的風險，但同時該蒐集到的資料都蒐集完了。

黑白臉這招最高的境界是用於無形之中。例如，有次我的談判心理課學員妁晶上到黑白臉這部分時，迫不及待分享她的經驗。妁晶說有次她去找對方業務協商，希望對方可以降價百分之五，沒想到承辦人臉超臭，非常堅持不可能降價。妁晶氣歸氣，但也明白承辦人並無權限決定價格，想方設法要直接與老闆見面談。妁晶不惜動用一切人脈資源，好不容易獲得一次跟老闆見面協商的機會。

妁晶非常珍惜這個機會，事前演練許久，蒐集非常多資料，希望能說服對方老闆願意降價百分之五跟妁晶的公司合作。

沒想到一見到老闆，這些招數全使不上！

對方老闆長得一臉慈眉善目，一聽到妁晶委屈地說著希望降價百分之五，馬上拍拍妁晶的手說辛苦了，為了談這項目花了這麼大的心力，自己也曾經年輕過，很欣賞妁晶的拚勁。誇讚妁晶一番後，老闆告訴妁晶他會交代承辦人，請承辦人計算過後，盡力給最多降價空間，叫妁晶不要擔心，一切都好談。

有了老闆這番保證，妁晶以為這筆生意勢在必得。急性子的妁晶，便打去拒絕了其他備案的廠商。但沒想到當妁晶再次去找承辦人，承辦人竟然仍態度堅硬的說不可能降價，表示她沒接到老闆指示，公司是不可能給出這樣優惠的條件，質疑是妁晶騙人。妁晶可急了，她已經拒絕了其他廠商，手上沒有替代方案了，這批貨勢必得買到啊！偏偏這位慈眉善目的大老闆怎麼就是聯絡不上，聽說老闆閉關去禪修了，七天後才會出關，不得已之下，妁晶只好將就對方條件，以原價購買產品，只求對方能快點出貨。

白臉這招最厲害之處就在於，白臉不一定要信守承諾，或一定要當好人給優惠。白臉是作為一種替代方案，有了白臉，黑臉更能探對方底線的虛實，且黑臉從未承諾白臉上級一定會給優惠，只說上級有裁量權，給了對方希望，但並未保證會實現，讓對方警戒心放鬆，輕忽白臉所提出的要求，甚至在關鍵時刻白臉還可以搞失蹤，全盤否認自己承諾的條件，平白害對方放棄其他替代方案，只能吃虧讓步。

原則二：若要進攻，得上黑下白

「當你作為賣方，為了談成生意得讓步時，上白下黑的確是高招。但作為買方，想拗對方更多時，情況就相反了，得上黑下白。」我提到這句話時，另一位談判心理課的學員弘耀迫不及待分享他的經驗。

弘耀是一家賣醫材廠商的業務。每次他去醫院裡面賣機器的時候，發現醫院主管總是會嫌東嫌西的，不是嫌機器品質不好，就是嫌功能不好，當然，嫌棄價格更是基本招。第一次遇到這種情況的時候，弘耀非常挫折，以為這生意不可能做成。沒想到主管的小秘書看到弘耀垂頭喪氣地走出來，竟然溫暖地主動跑來關心弘耀，安慰弘耀他們主管本來就有點機車，但別擔心，我會找機會幫你多說好話，不過我也得給主管誘因啊，如果他對你們產品有興趣了，你能告訴我，你們可以給什麼優惠，讓我能說服主管多考慮你家的產品嗎？

弘耀感激地看著秘書，告訴秘書可以特別打九折優惠。秘書說這價格可能還是太高，還有沒有什麼方案？例如延長售後服務等等，最後，弘耀給了打八折的優惠、售後服務延長一年，甚至附贈工程師協助處理系統問題，嚴格算下來，這幾乎是一場幾近虧本的買賣，渾然不知的弘耀，當時完全沒想到秘書是白臉，趁弘耀放鬆警戒之際，將秘書視為救世主，不知不覺讓步太多，還傻傻地感激秘書的協助。

「其實他們早說好了吧！看準我在被拒絕後，會更想討好他們，來做成這筆交易，故意讓下屬當白臉來媒合，乘機占盡了便宜！」弘耀氣憤地說。

話畢，在一旁的筱珮嚷嚷著，「原來如此！你的分享讓我想起買按摩椅的經驗。我老公是軍人，不苟言笑，有種不怒而威的氣勢，連孩子都很怕他。偏偏我老公又很愛嫌東嫌西。我前幾天跟老公一起逛百貨公司，看上一台按摩椅，老公臭著臉一直嫌棄我看上的那台功能不夠好，價格太貴，叫我不要買，身旁的店員聽到了，一直跟我聯合勸服老公，店員主動提議降價，我也一直跟老公撒嬌，老公好不容易才答應要買，原來我跟老公無意間使出了黑白臉策略啊！老公扮演有決策權的黑臉，我扮演跟店員站同一陣線想說服老公購買的白臉，店員看著眼前這筆生意很可能做成，每次老公一拒絕，店員就跑去後面打電話，請示更多降價空間，最後我們整整殺價了五萬啊！」

「啊！真沒想到黑白臉策略原來這麼好用！以前只把這招用來對付孩子真是可惜了！」大家你一言我一句地說著。

破解方式 直接戳破對方，但同時給對方台階下

突然，有學員舉手問我：「老師，那如果像剛剛弘耀或是筱珮的案例，當我們被對方用黑白臉這招一直拗的時候，該怎麼辦呢？」

我微笑看著大家，告訴大家破除黑白臉最好的方式，就是**直接戳破**，詢問對方是否在使用黑白臉這招，**但同時要給對方台階下**，例如詢問對方：「此刻發生的事情，讓我想到我最近上了Ashley老師的談判心理課程，她提到的黑白臉策略耶！」

對方聽到這句話，肯定急忙否認，同時明白我們已看破這招，是個協商高手，不敢繼續用這招對付我們。

但我們也要給對方台階下，避免破壞關係，見好就收，於是趕忙回應對方：「原來你們不知道黑白臉策略啊，看來你們是天生的談判大師耶！好厲害，有機會來聊聊，向你們學習討教一下。」

面對黑白臉策略的注意要點

一、小心白臉！白臉說的話才是對方真正目的，黑臉只是餌。

二、協商前先設定目標，時時回到目標檢視，避免受白臉影響。

三、直接詢問對方是否在使用黑白臉的策略，對方一定會否認，這時要給對方台階下，說是自己多心，誤會很不好意思，對方也不敢繼續使用此戰略。

突破僵局的創意對策一

誘惑法

你曾想過「DAISO大創百貨」為什麼能賣這麼便宜嗎？眾所皆知的大創，其商品之所以可以均一價只賣三十九元，是因為大創擁有協商技巧高超的採購組，用低於成本價的價格購入商品。

以下是一個真實案例。有次大創想以十五元的價格大量購入某款杯子，被工廠老闆一口回絕。老闆說二十三元是他們最低成本價，再低就虧本了，要是以十五元賣出，工廠不如直接關門算了。

但對大創來說，若以二十三元購入杯子，加上倉儲、運輸、人事花費的計算，成本總額早已超出三十九元，這對大創來說也是一筆虧本的生意。

怎麼辦呢？就這樣協商破局嗎？可是這家杯子工廠已經是市面上找到賣最便宜的杯子工廠

了。如果大創連杯子都無法低價購入來販賣，更何況其他更高單價的商品？不，大創一定要想辦法協商成功，達到以十五元購入的目標。

此時，大創採購組使用「突破僵局的創意對策一：誘惑法」。當我們在協商時，協商的議題若只有一件會很吃虧，很容易談不攏，一翻兩瞪眼，雙方目標價格不一致就會談判破裂。因此需要想辦法，增加談判議題，找出其他條件來誘惑對方，滿足對方其他需求，讓對方在我們的目標議題上面願意讓步。

漸進式提出更多附加方案

要如何找出足以誘惑工廠老闆的其他條件呢？採購組首先站在老闆的立場思考。對老闆來說，如果他的成本可以降得更低，老闆勢必願意用低價賣大創，畢竟大創的訂單如此大，對老闆來說也是一個好機會。但要如何幫老闆降低生產成本呢？

採購組繞了繞工廠。發現老闆工廠的機器不是每台都在運轉，於是問了老闆：「請問你們工廠現在的機器運轉率如何？」

老闆：「大概百分之八十吧！」

採購組：「剩下的百分之二十我們全包！讓你的機器每台都百分之百運轉，等於你用跟原本一樣的人力成本，卻可以多製造出我們大創要的杯子，成本下降的情況下，每個杯子用二十元賣我們可以吧？」

工廠老闆難掩喜色，在不花費人力成本的狀況下，就可以多成交一筆數量可觀的買賣，老闆毫不猶豫地說：「成交！一個杯子二十元賣你！」

此時，採購組離目標價格十五元更近一步了，但還需要加把勁，努力再找出其他對老闆有利、可以誘惑老闆的條件，吸引他用更低價賣出杯子。

採購組想了想，對於中小企業來說，資金周轉一直是最大的困擾。很多工廠因為尾款遲遲未進帳，導致資金周轉不靈，工廠面臨倒閉危機。於是問老闆：「老闆，你們交貨結算是用什麼方式？」

老闆：「對方用什麼方式付款就依他們啊！我們不太有立場要求，總不能為了付款方式損失一筆買賣吧！有些店家要求事後付款，導致一兩次帳目兜不起來，害我們差點面臨倒閉危機。」

採購組：「我們公司採取現金支付，甚至如果你的資金有一兩次無法周轉過來，可以跟我說，我可以幫你申請預付款項，讓你不用因為資金問題面臨倒閉危機的可能。」

老闆：「如果這樣，那可真是解決我心中一大隱憂呢！好吧，我願意再給你們一點折扣，一個杯子用十七元賣給你們。」

採購組：「如果在不影響杯子品質與使用功能的情況下，把杯子的裝飾都拿掉呢？這樣成本更低了，可以用十五元賣我們嗎？」

老闆：「這也是一個方法，好吧！只要你們做到包下剩下百分之二十機器的運轉率、平時現金支付，在我資金周轉不靈的時候預付款項給我，並且把杯子裝飾都拿掉，我可以一個杯子賣你們十五元！」

大創成功利用不斷增加提案的方式，解決機器運轉率，以及資金周轉問題，同時幫老闆想出降低成本的方法，獲得目標價格十五元，成功創造工廠和大創雙方都滿意的協商結果。不擅協商的人，對於提出各種附加議題於談判桌上會備感壓力，但是協商高手反而會想盡辦法提出更多附加提案給對方，並藉此創造創意對策。

解決婚姻危機的誘惑法

提出附加方案，誘惑對方成交的方法，不只用於商業協商中，一般日常生活也能派上用場，成功幫一對差點陷入婚姻危機的夫妻感情升溫。

阿仁是一位性情溫和的丈夫，當初跟老婆求婚時，答應她要在十週年的紀念日，來趟浪漫的法國之旅。這幾年期間，老婆總幻想著法國之旅的到來，殷殷期盼了好久。終於，下個月就是十週年的日子了。

尷尬的是，公司才剛派阿仁去美國出差一個月回來。阿仁這陣子飽受時差之苦，這一個月吃不好、睡不好，整個精神差到極點，一想到下個月如果跟老婆去法國，好不容易調回來的時差又要大亂，阿仁覺得自己會瘋掉，畢竟年紀已經不小了，調時差是很不容易的事。

可是，看著老婆這麼期待，阿仁實在不知道怎麼跟她開口，問老婆今年可不可以先改到近一點的國家度假就好，明年再去法國。老婆性子剛烈、直來直往，她都期待了十年，突然跟她說不去法國，她一定會發飆，說不定會氣到離家出走、把我給休了、說我不守承諾，是個言而無信的丈夫，以後再也不相信我了。

面對這僵局，阿仁有什麼其他條件，可以拿出來跟老婆協商，誘惑老婆答應今年不去法國玩嗎？

「哇～哇～哇～」小寶寶醒來了，要趕快去抱他，阿仁思緒被寶寶的哭聲打斷。在一邊安撫寶寶的過程中，阿仁想到一個絕妙的點子。

阿仁：「親愛的老婆，我想了想，寶寶現在這麼小，我們去法國玩至少要兩個禮拜，孩子從出生到現在，都沒離開過妳身邊，我們一下就消失這麼久，孩子以後會不會有創傷，覺得我們拋棄他？這樣以後要花很多錢幫他做心理治療耶，而且他要是從此對我們有心結、記恨我們怎麼辦？」

眼看老婆有點猶豫了，阿仁繼續說：「而且我今天聽女同事說，她們第一次跟寶寶分離都哭得好難過，才兩天不見寶寶，就擔心得要死，恨不得能馬上衝回家看寶寶。我擔心妳第一次跟寶寶分離，就整整兩週看不到寶寶，會玩得很不開心。妳不開心，我也開心不起來的，妳這些年來這麼辛苦，我希望妳可以無憂無慮開開心心地出國玩。」

老婆：「唉，其實我也擔心這點，但是我等了十年，好不容易可以去法國玩，我好猶豫……」

阿仁：「我有個主意，妳聽看看如何。我上網查了一下，去法國玩要十萬，這些錢都夠我們去日本享受高級之旅了，而且我們還可以帶上妳爸媽跟寶寶一起去，妳爸媽不但可以幫忙顧寶寶，而且在日本，寶寶的副食品很方便買、又乾淨，我們直接自己租車，方便載爸媽跟寶寶，妳想想，妳爸媽年紀大了，最近常常說身體不舒服，我們趁現在帶他們出國玩，免得過幾年後他們更老了，想帶爸媽出國他們也走不動了。法國之旅我們可以等明年寶寶大一點了，我再帶妳去好好享受享受兩人世界，旅費我都已經存好了，妳覺得怎樣？」

老婆：「的確，我一直想帶爸媽出國玩，而且這樣也不用跟寶寶分開，去日本玩好像也不錯，好吧，但你明年一定要帶我去法國玩喔！不可以食言喔！」

阿仁：「沒問題！我們現在就來訂明年去法國的機票，機票訂了妳就可以安心了吧！」

阿仁如果當初直接告訴老婆他其實是因為時差不想去法國，肯定會惹得老婆不悅，冷戰好幾天、覺得自己遇人不淑、嫁給一位言而無信的丈夫。但透過「誘惑法」，阿仁找出其他協商條件來誘惑老婆，成功讓老婆願意暫緩期待已久的法國之旅，先改為去日本玩，兩人皆大歡喜。

突破協商僵局的誘惑心法

- 協商高手會想辦法提出更多附加方案給對方，藉此創造創意對策。
- 將手上派得上用場的牌全擺上談判桌，藉此擴大自己的談判籌碼。

突破僵局的創意對策二

賭注法

掃描 QR Code
聆聽本章內容

「你何必這麼認真？反正做再多，薪水、休假也沒我多！」曾幾何時，在工作中認真的人，成了礙眼的人，看在老鳥眼裡，這股傻勁，純真的可笑。待得久才是王道啊！靠年資就可以說話大聲、把工作丟給別人做、出事丟給別人扛，薪水爽爽拿，無聊沒事就去度假遊玩、遇到危機反正出國避個風頭就沒事了。

上述情況，任何公司比比皆是。但在公務體系中，更是明顯。「不求有功，但求無過」，只要不犯大錯，捧著鐵飯碗，薪水自然隨著年資增加。難怪網路謠傳，有些教師的巔峰，就是考教甄那年，考上教師後，自此高枕無憂，捧著六冊課本就可以過一生，反正教的好不好，跟薪水沒半點關係。在一個不用有功就可以加薪、混水摸魚比努力認真還適合生存的環境中，人的惰性完全展露無疑。公務體系的行政效率似乎舉世皆然的慢。

許多公司為了避免上述情況發生，想出所謂的「激勵條款」，我則稱為「賭注法」。在一家公司中，總會同時存在有能力又有野心的員工，也存在只想做好基本工作安心度日的員工，若給這兩類員工一樣的薪水，勢必留不住有能力又有野心的人才。因此許多公司創造「分紅制度」，讓業績高的人，拿到的分紅越多。或是讓升遷取決於考績，激勵有野心的員工努力達到特定目標，對未來職業生涯注入「希望感」與「掌控感」。在這樣的情況下，底薪只是滿足「馬斯洛人類需求五層次理論」（Maslow's Hierarchy of Needs）中的低層次基本生存需求，激勵

• 馬斯洛人類需求五層次理論

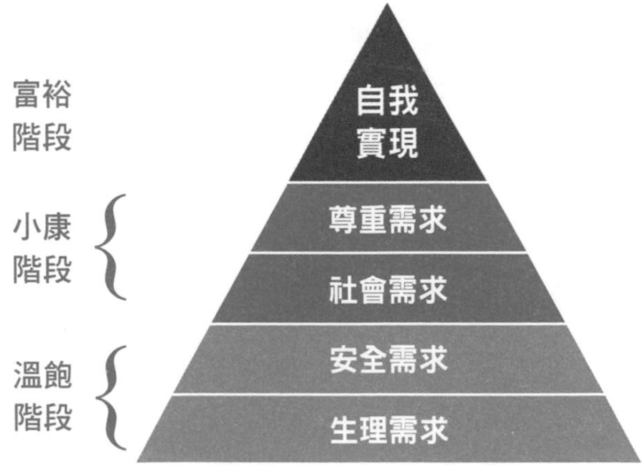

條款則滿足自我實現的高層次需求，為避免員工怠惰，讓能力高的人獲取多一點的薪水回報。

「激勵條款」不一定泛指金錢，有時候用再多的獎金也挽留不住人才，底薪只是預防不滿發生而已。激勵條款代表的是一種「餌」，人才或許不缺錢，但缺成就感、認同感，需要透過升遷為主管階級，發揮統籌規畫的能力、需要不再被表面數字壓死，將能力用在真正有意義的地方、需要和諧團結的工作環境，這些，才能帶來真正的滿足感，找到工作及生命的意義。

使用時機一：互信度低時

「激勵條款」很常被用於球星身上。據說當年美國NBA籃球運動員羅德曼在與芝加哥公牛隊協商年薪時，雙方一度陷入僵局。羅德曼認為自己的年薪值九百萬美元以上，公牛隊卻認為羅德曼常常無故缺席比賽、甚至時常一上場就與對手起衝突遭退場，只願意給羅德曼四百五十萬美元的年薪，雙方對年薪的目標相差高達一倍的懸殊，眼看協商即將破局。

當彼此互相不信任的時候，就像羅德曼無法相信公牛隊會給自己值得獲得的價碼，公牛隊也無法信任羅德曼會乖乖出賽，此時，若不斷向對方強調「請相信我」，代表雙方都不是擅長談判的人，沒有陌生人會無緣無故相信自己的。與其抱著懷疑的不確定性，**不如朝互信的方向去約定**。

公牛隊不是給不起羅德曼高薪。對公牛隊來說，就算給羅德曼年薪一千萬美元也無所謂，只要羅德曼乖乖出戰，努力比賽，可問題就出在羅德曼過去不是在比賽中突然缺席，就是一上場就跟對手起衝突遭退場，這些不良紀錄，實在讓人難以信任羅德曼能夠認真參賽。

聰明的公牛隊最後與羅德曼下了個賭注。公牛隊只願意提供羅德曼四百五十萬美元年薪，但這只是底薪，如果羅德曼在決賽前有上場比賽，加碼一百萬美元；若奪下籃板王的頭銜，再加碼五十萬美元；若出戰超過六十場，每場再加碼十八萬美元。現在，羅德曼獲得高薪的機會操之在己了，只要羅德曼夠優秀，能達到公牛隊的期望，他就可以得到高薪。

最後，羅德曼奪下籃板王，獲得共一千多萬美元年薪。羅德曼不但獲得比自己預期還多的薪水，同時為公牛隊奪得意料之外的好戰績，更創下自己生涯高峰。一場差點破局的協商，透過「賭注法」，朝彼此互信的方向去打賭，為雙方帶來更大的贏面！

• 賭注法的應用案例

羅德曼的目標	公牛隊目標
年薪九百萬美元以上	**只給羅德曼四百五十萬美元年薪**

公牛隊考量點：

- 羅德曼常常無故缺席比賽
- 易怒
- 常和對手起衝突遭退場

交易條件：

- 提供羅德曼四百五十萬美元年薪
- 若羅德曼在決賽前有上場比賽，加碼一百萬美元
- 若奪下籃板王的頭銜，再加碼五十萬美元
- 若出戰超過六十場，每場再加碼十八萬美元

結局：

羅德曼奪下籃板王，獲得共一千多萬美元年薪

使用時機二：對未來的預期不一致時

「賭注法」除了適用於雙方互不信任時，朝著互信的方向去打賭，**也適用於彼此對未來的預期不一致時**。例如，在一個不良債權收購案中，買方認為對方的總資產值二十九億元，但有十三億元的不良債權，因此只願意以十六億元收購。

賣方雖同樣認為自己的總資產有二十九億元，問題是賣方覺得不良債權明明就只有三億元，堅持買方得以二十六億元收購。買賣雙方對於不良資產的評估差異太大，可誰也無法證明自己對未來的評估是對的，又怕相信了對方，自己虧大錢，該怎麼辦呢？最後買方提議：「好，我願意以二十六億元收購，但這是有特定條件的，如果未來發現其他不實資產或債務，一律由賣方來承擔。」這提議無論對買賣雙方而言，都是一個公平的方法。

常言道：「山不轉路轉，路不轉人轉，人不轉心轉，心不轉念轉，轉心轉念也。」，誰說協商一定要硬邦邦地寫下明確的條款，協議不成則一翻兩瞪眼。現實社會中，許多的協商是隨著特定條件而浮動，存有許多模糊不確定性。對某些人而言，這些模糊不確定性或許令人難以忍耐，但卻是必要的存在，為協商撐出彈性的空間，甚至獲得雙方一起將餅畫大的機會。如同球星羅德曼的例子，透過浮動的合約，激發出自己的潛能，為自己獲得可觀的報酬與名聲。

賭注法使用時機：

- 彼此不信任的時候
- 對未來預期不一致

賭注法使用心法：

- 交易隨特定條件而浮動

突破僵局的創意對策三

不等價交換

為何我開的租金最低，房東卻選擇租給我？

我看中了在台北市超級蛋黃區的某間樓中樓房子。這房子離捷運站出口走路不到一分鐘，可以說是出站即到家。可是要租下這間房子，我面臨兩個問題：

- 問題一：房東開價兩萬四千元，不含網路和有線電視，我的預算最多只有兩萬兩千元，而且需含網路、有線電視及管理費。
- 問題二：兩萬四千元其實是市場平均價，這棟房子屋況很新，是十年內的房子、有裝潢、有管理員，離捷運又近，還有另外三組房客虎視眈眈搶著租下。

為何我順利打敗眾多願意以兩萬四千元租金租下這間屋子的競爭者們，房東竟然選擇租給開價最低的我？

閒聊中，找尋「不等價交換」的機會

我只花十分鐘看屋，卻花了一個半小時跟房東聊天建立關係。透過聊天，我發現房東是位設計師，同時是一位非常重視家庭的媽媽，她有兩個孩子，下班時間幾乎都花在孩子身上，我花了一個多小時跟房東聊親子教養的技巧，同時蒐集到許多資訊：

- 房東家離租屋處很遠。
- 房東心思都在孩子身上，不想花時間管理租屋處。
- 房東希望越省事越好。
- 房東希望提高租金，但她家其實不缺錢。
- 房東在意房租定時繳交。

房東當然希望最好能用兩萬四千元出租這個房子，但比起租金，房東更在意房客的素質、工作是否穩定到能按時繳交租金、生活習慣是否良好，能夠維持房子整潔、是否能自己換燈泡、修理馬桶、洗衣機等，最好讓房東一整年都不用跑來租屋處處理問題。

而我最在意的，是價格。如果我遇到房子問題，盡量不麻煩房東，能處理的就自己處理，不能處理的就找師傅來修理再跟房東請款，雖然麻煩了點，但可以讓房東少算我一點租金。

於是，我針對房東的需求，強調：

- 我的職業是學校老師，薪水穩定，且依照我的經驗，房東通常對於老師的觀感都不錯，特別願意將房子租給老師。
- 我有潔癖，會維持房子整潔。
- 我可以自己處理房子的問題。

聊了一個多小時後，我告訴房東，我的預算最多只有兩萬元（其實預算是兩萬兩千元，我故意少說了兩千，讓房東有議價空間），雖然我的預算比較少，但如果將房子租給我，可以保證一年後，房東不用花任何時間精力修繕房子，而且因為我的工作很穩定，不會換地方工作，如果住的滿意，我很可能一年後續租。最重要的是，我能自己處理房子的問題，房東省去很多麻煩，甚至如果房東遇到親子教養上的問題，可以來找我諮詢專家意見。

最後，我成功用兩萬兩千元租下這個搶手房子：含網路、有線電視、管理費、而且只簽了一年約，而非房東當初堅持的兩年約。

在協商的過程中，我除了運用前面提到的方式來建立關係之外，我其實花了很多時間了解房東的需求是什麼？通常，在協商過程中，雙方彼此都會有好幾個在意的需求，有些對方很重視的需求，或許對我來說是可以交換出去的，例如，自己處理房子問題，不要麻煩房東；有些我很在意的需求，是對方可以退讓的，例如房子的租金。我們互相在次等需求上讓步，換得自己最重視的需求，這，就是「不等價交換」。**一般人以為差異會導致衝突，但其實差異可以產生協議。**

不等價交換的SOP

生活中，時常會遇到運用不等價交換來獲取所需，只要依照以下步驟來做，一點都不難。

- **步驟一：需求與議題不能只有一件，找出對方所有的需求與議題。**
- **步驟二：雙方重視的優先順序稍有差異。**
- **步驟三：從簡單、好交換的開始談起，複雜困難的放後面談。**

例如，今天我們想去買車，希望業務便宜三萬元賣我們，業務一口回絕，依照上面不等價交換的SOP：

- 步驟一：需求與議題不能只有一件，找出對方所有的需求與議題——業務除了有賣出好價抽取高一點傭金的需求，還有另一個隱藏需求是業績壓力。
- 步驟二：雙方重視的優先順序稍有差異——你重視用便宜一點的價格買到車。業務比起價格，更重視業績。
- 步驟三：從簡單、好交換的開始談起，複雜困難的放後面談——先初步跟業務交涉，如果你提供業務三位你身邊準備買車朋友的名單給業務，看他能否算你便宜一點，再細部討論要殺價多少、或是送你多少車子的設備用品。

許多人認為協商就是撕破臉的利益爭奪戰，對方得到多一點，自己就失去多一點。一塊大餅大家搶奪。然而不等價交換，教的就是「如何把餅變大」，透過發掘出對方不同於自己的需求，互相交換，各取所需。例如，以下的「分禮物」故事充分展現了上述概念。

有次，我去美國玩回來，買了許多伴手禮要送給親朋好友。尷尬的事情來了，我的朋友小玲與小威同時看上了一盒包裝精美的「GODIVA」松露巧克力。我給誰都不對啊！

該怎麼辦呢？我一邊想的同時，一邊困惑小玲幹嘛也要巧克力？她最近在減肥，可是連飲料都喝無糖的啊！一問之下，才發現原來小玲看上的是「巧克力的盒子」，這盒子小巧精美，剛好可以給她當首飾盒。

而小威看上的則是「巧克力本體」，小威女友超愛GODIVA的巧克力，他想拿去討女友歡心。

這下事情好解決了，我詢問巧克力可不可以先給小威，等小威吃完了，再把盒子拿給小玲？雙方皆大歡喜地同意了，我還多出一個禮物可以拿去送人！

如果雙方想得到的東西都一樣，在利益衝突之下，搶奪是必然的，結果對別人有利，對自己必定有害。但還好現實生活中，大多數狀況下，人們想得到或重視的東西並不一樣，問題就在於我們能否傾聽、善用不等價交換的SOP，打開需求之門，挖掘對方隱藏在冰山底下的需求，將餅變大，交換需求，各取所需彼此最想要的利益。

連卡內基都在用的不等價交換法

就連鼎鼎大名的卡內基也常遇到需要協商的時刻。事情是這樣的，卡內基每年會固定向一家飯店租會議廳來舉辦千人講座。有一年講座如期舉行，沒想到飯店經理卻突然將租金提高兩倍。卡內基心情很不好，有種被敲竹槓的感覺。已經合作十幾年的飯店，知道卡內基每年都會來這裡舉辦講座，刻意在卡內基已經售完票且發出講座地點通知後，故意提高租金，看準卡內基無法臨時更改場地，不得不付出雙倍的租金。

卡內基按捺住不悅的心情，去找飯店經理協商。卡內基先同理對方，建立關係，告訴飯店經理他可以理解為飯店經營謀取更多利益是他們的職責所在，在帶來更多利益的前提下，提高租金是一個方式，但這方式會讓飯店從此失去他這位合作多年的客戶，更重要的是，卡內基的講座常吸引來自世界各地有文化、有知識的高階管理人員來到這裡，他們都是飯店的潛在客戶，即便花許多錢打廣告都吸引不了這麼多潛在客戶。請飯店經理權衡利弊得失想一想，提高租金，失去卡內基這位忠實客戶、外加許多潛在客戶，是否划算？

隔天，飯店經理打電話給卡內基致歉，經過協商，雙方同意將場地費提高一倍半，而非原來的兩倍。

「有錢大家賺、有利益大家享，這樣的合作才能長久」，唯有跟我們合作能夠滿足對方的需求，對方才會需要繼續跟我們合作下去。把這道理想明白了，就會了解為何放下自己立場，思考對方的需求與利益是協商中最不可或缺的一步。

翻轉劣勢的心理戰一

透過引誘策略主宰對方的決定

掃描 QR Code
聆聽本章內容

「咦？我不是要買梨子嗎？怎麼最後買了蘋果？」走出店家，回過神來，才發現自己手上提著的水果，根本不是當初打算購買的。

你是否注意過逛街時，為什麼有些店家能吸引我們的注意力，成功引誘我們踏入店內，掏錢消費？

人們常常基於貪小便宜的心態，被一些看似便宜的店吸引，進入店內觀看，最後掏錢買下並不便宜的商品，心滿意足的離開。例如，我常常尋找便宜的水果攤，只要是在店門口擺了一大籃水果，上面寫著一籃一百那種，一定會吸引我的目光，順勢進去逛逛。

讓人買下原本沒想要買的東西

但仔細一瞧，那些一籃一百的水果，都是過熟或是有損傷的水果。這些水果很便宜，要吃也不是不行，但我擔心一時吃不了這麼多會壞掉。於是我隨意看看店內其他水果，確認還有沒有更好的選擇。

最後，我多花了一些錢，買下完整無缺的新鮮水果。我以為我很理性消費，精打細算之後才做出決策，殊不知，這其實是店家的計謀。就如同水果店老闆，故意將價格低的爛梨子擺在門口，賣很便宜吸引消費者進來，在爛梨子旁邊放上好蘋果，並以較高一點的價格販售，真正想賣的新鮮蘋果就會看起來更可口，即便我本來是想買梨子，最後卻買了新鮮的蘋果離開。更糟的是，新鮮的蘋果一開始根本不在我的購買清單之內！

其實，老闆使用的是**引誘策略**，在「真正想推」的提案中（新鮮蘋果），刻意放上一個明顯的爛提案（爛梨子），凸顯「真正想推（新鮮蘋果）」的提案價值，引誘消費者購買，在看似理性決定的背後，受到不理性力量的主宰而不自知。知名暢銷書《誰說人是理性的》作者丹・艾瑞利，同時也是杜克大學心理學與行為經濟學教授所說：「**接受自己的不理性，才是理**

性的開始！」

「引誘策略」也可以應用在簡報提案當中。通常上級喜歡有選擇權或掌控感，因此，當我們直接說出提案時，上級總會有意見，不是推翻我們的提案，就是要我們修改重新提一個更好的提案。因此，比起直接說出提案，不如多找一點綠葉襯托出紅花的美，刻意多提一、兩個明顯會被否決的提案，引誘上級選擇我們真正想要的提案。如果你想提高提案通過的機率，把握以下原則：

有兩個選項時的提案方法

在「真正想推」的提案中，要刻意放上一個明顯的爛提案，才能凸顯「真正想推」的提案價值。上級兩相比較，在爛提案的襯托之下，受到先前提過的「錨定效應」影響，使得「真正想推」的提案看起來是一個完美的選擇。

有三個選項時的提案方法

當有三個選項的時候，記得要把「真正想推」的提案放在中間，讓爛提案成為綠葉襯托出紅花的美，同時放上一個很美好但過於理想不切實際的「夢幻選項」，上級在評估過「夢幻選項」的成本太高不可攀之後，那真正想推，但看起來中庸的選項，就成為最終選擇。這道理如同前面「錨定效應」提過的咖啡杯選擇，在「小杯」、「中杯」、「大杯」咖啡的選項中，大部分消費者會選擇「中杯」咖啡。然而若店家將咖啡容量的選擇改為「中杯」、「大杯」、「特大杯」的選項，消費者則傾向選擇購買「大杯」咖啡。在看似理性的選擇之後，其實受到商人精心設計的誘惑，不理性地選擇了中庸但看似最安全的品項。

你的決定其實不是你的決定

想一想，生活中還有哪些「引誘策略」的例子？例如，我家附近有一家飲料店，純茶類特價只要十九元，我常被便宜價格引誘進入店內，在看到其他飲品選項後，覺得不想單純只喝茶，想幫自己飲料加一點料，最好的選擇就是珍珠奶茶，但是加鮮奶的珍珠奶茶太貴，最後買了加奶精的珍珠奶茶離開。

又如前幾天我需要買隨身碟，看到一家店在門口擺著一個只賣一百元的隨身碟，而被吸引進去，但老闆告訴我，一百元的隨身碟記憶體很小，推薦我買貴一點的隨身碟，比較不會壞掉，對資料保護更好，記憶體也比較大，我看了看其他更高單價的隨身碟價格，覺得中等價位的隨身碟似乎比較符合我的需求，價格也還可以負擔，成功被老闆說服，買了比一百元貴上好幾倍的隨身碟。

翻轉劣勢的心理戰二

限時限量策略讓人急著成交

最近我去西門町逛街，發現現在最流行的飲料叫「虎紋波霸鮮奶」，尤其西門町是許多外國遊客的觀光勝地，幾乎每位外國人來到台灣，都想嚐一嚐「台灣之光：珍珠」，於是，飲料店爭相成立，每家都想分一杯羹，讓消費者進來，飲料賣出去，店家發大財。

奇怪的是，有一家不是連鎖店、名氣也不響亮的虎紋波霸鮮奶店家，常常大排長龍、門庭若市。起先，我以為是因為它一杯只賣三十五元，價格便

▲使用「限量策略」的手搖店，雖價格較貴卻門庭若市

宜吸引觀光客。但走沒幾步，我發現另一家賣的更便宜，一杯只賣二十九元，卻門可羅雀，店門前幾乎沒客人。

我感到非常困惑，為何兩家店都賣虎紋波霸鮮奶，對外國遊客來說，也不知道哪家比較好喝，但賣得比較貴的那家，人多到要排隊，賣的較便宜的店反倒沒客人？直到我看到下面的立牌，才恍然大悟！

限量策略帶動從眾效應創造業績

原來這家老闆動了腦袋，使用**限量策略**，限量只有兩百杯特價三十五元。其實我每次經過西門町，不管時間多晚，這立牌永遠還舉著，不管何時都可以用特價買到，我懷疑這個限量根本是假的。但對於外國觀光客來說，他們或許這輩子只會來一次西門町，不會發現這個限量或許根本是「無限量」的，在「厭惡損失」的心理下，會覺得不快點買好像把便宜讓給後面的人，對自己有損失，於是產生「競爭心理」，就算原本不這麼想喝，也趕快加入人潮排隊。排隊又帶來「從眾效應」，路人看到這家店竟然排這麼多人，現在就連台灣人都想跟著排隊喝看看是否這麼好喝了！

另外，透過辛苦排隊才買到的東西，會讓人想要拍照打卡上傳，商家成功獲得免費行銷，打卡獲得的留言回饋，讓消費者擁有特殊的品牌經驗，透過「情緒」與「品牌」相連結，使商品價值提升，在人們心中顯得更為珍貴。根據研究，「限量策略」能使商品價值瞬間提高，且通常遠高於商品本身的價值兩倍以上。這就是為什麼蘋果手機上市前，常刻意先推出限量預購，讓消費者爭相搶貨，還沒上市就嚴重缺貨，不但為即將上市的手機免費製造一波宣傳，更提升消費者對於蘋果手機的「渴望感與價值感」，產生情緒黏著，增進品牌忠誠度。

電視購物如何讓精打細算的婆婆媽媽花錢搶購

電視購物台深知「限時限量策略」對人類心理產生的影響力之大，非常懂得加以善用。我記得有次與媽媽一同看電視購物，主持人介紹了一款保養臉部用的精華液，功效說得天花亂墜，看起來很厲害。在我與媽媽開始有點心動之際，主持人特別邀請保養品牌公司經理上電視，並在觀眾面前跟經理殺價，經理勉為其難地答應主持人要求的超低價格：照原價打五折，只限這個時間購買的民眾才能享有此優惠價（限時策略），而且限額一百名（限量策略）。

通常，我是很精打細算的，如果時間足夠，我會先上網做功課，了解這品牌的精華液評價如何，在網路上可以買到的最低價格為何。但我一邊打開網路，一邊聽到主持人回報剛剛有民眾打來訂購十組，剩下不到二十組的時候，我與媽媽感到腎上腺素激增，「情緒腦」壓制「認知腦」——沒時間慢慢查資料了，限量是殘酷的，先搶到再說吧！於是，我立馬拿起話筒撥打訂購專線，一口氣訂了五瓶，花了將近一萬元。從購買欲望被激發到付諸行動，拿起話筒購買，整個過程只花不到十分鐘，瞬間決策完成。這，就是**限時加限量**的強大威力。

錄取新人必用的限時策略

「限時策略」除了用於日常購物的金錢心理學之外，公司也很愛用這招在新應徵進來的錄取者身上。我曾負責處理過人事業務，舉辦過無數場招募新人的面試。在面試找到適合人選後，下一步除了打電話恭喜對方順利錄取，最重要的是，確定錄取者的到職意願及到職日期。

不幸的是，許多人接到錄取通知，才開始想自己是否真的要離開現職，對於是否要至新公司任職猶豫再三、一拖再拖，表示自己需要時間思考是否上任。造成急著用人的應徵單位相當大的困擾。

這時，我就會使用限時策略，告訴錄取者他能思考的期限（通常是三天），期限到之前務必給予回覆，也就是說，在期限內才保有錄取資格，否則將視為自動放棄。通常，只要錄取者一聽到這句話，大部分一天後就會打電話來表示確定要換工作，到新公司任職。

限時策略讓人在時間壓力之下，激發「情緒腦」做決策，加上「厭惡損失」心理，不想花了時間心力準備面試，好不容易被通知錄取了，自己卻硬生生放棄這樣的好機會，因此開始找舊公司的缺點，想像新公司的美好，說服自己做出任職新公司的決策。

期間限定讓人失心瘋搶購

就連麥當勞也會使用限時策略來賣商品。有一陣子麥當勞不定時推出「辣味麥克雞塊」，雖然我不怎麼愛吃原味麥克雞塊，但辣味的一吃成主顧，特別好吃啊！可惜的是，這款辣味的麥克雞塊是限時的，常常快閃出現，不到幾個禮拜就結束了，想買也買不到。因此每當我發現麥當勞又出現辣味麥克雞塊時，就會瘋狂買來吃，生怕錯過這段時間，之後再也買不到。有趣的是，如果這款辣味麥克雞塊不是限時推出，我或許一個月連一次都不會去買呢！買之前我一定會告訴自己吃這個不健康，或是之後也能吃，今天先吃青菜養生吧！但在限時策略的壓力之下，我短短一個禮拜就吃了三次！哪還管得了健不健康！

「限時限量策略」應用得好，甚至能順利幫講師賣出三百張講座門票。有次我在網路上看到某位講師去國外向大師拜師學藝後，想舉辦講座，分享拜師學藝的所見所聞。可是在現在這個時代，舉辦三百人的大場收費講座是不容易的，畢竟現在市面上免費講座太多了，這位講師雖然在網路聲量高，但如何讓粉絲願意掏錢出來購買講座門票，是一個難題。

於是，這位講師利用大家「愛喊聲」的盲從心理，先幫自己製造聲勢、抬高身價。他先在臉書發文述說自己拜師學藝的大師有多厲害，請想要聽分享的人在底下留言「＋1」，留言對粉絲而言完全沒損失，只是喊聲拱講師舉辦講座，不需要花費任何金錢，甚至可以跟講師建立關係。在「從眾效應」之下，上百人紛紛留言「＋1」。

厲害的來了！這位講師將留言「＋1」的人，自動視為已報名的學員，發信通知大家，目前報名人數已經超過三百人，但場地限制，無法讓更多人報名，如果你收到這封信，代表你很幸運抽中三百名的限量名額，若在三天內沒繳費，將視為自動放棄，名額將讓給候補的人。

當初只是喊聲，根本沒仔細思考是否想花錢參加講座的人們，一聽到自己是限量三百名中的一名，而且三天內就得繳費完成才能繼續保有這個幸運名額，紛紛在時間限制的最後一刻繳費，不願意白白損失這稀有且珍貴獲得的幸運名額。本來可能不到一百人會掏錢購買門票的講座，在限時限量的影響之下，瞬間賣出三百張門票，還幫講師提高身價，讓沒買到門票的人更覺得惋惜，提升心目中對講師的崇拜，日後願意花上萬塊的大錢上講師的課，真可謂一石二鳥之計！

限時跟限量何者威力較強？

許多學員問我，如果限時跟限量只能選一個使用，該選哪一個比較好？答案是**限量**！限量讓人有種失去掌控權的感受，如果賣完就沒了，使人產生競爭心理，要先下手為強，避免太晚下手沒買到的損失。而限時則讓人覺得在時限內都有掌控權，可以慢慢思考，讓「認知腦」

有機會重新掌控全局，深思熟慮再做決策。況且大部分消費者會拖到時限內的最後一刻才做決定，更多時候是忘記這件事，超過時限才想起來，最後安慰自己省了一筆錢。因此，比起限時，限量是一個更保證讓人急著掏錢成交的好方法！

另外，在使用限時限量這招時，要特別注意將這些限制條件包裝成外部因素，避免降低身價與破壞關係，例如，上述電視購物台刻意請廠商經理出來，在觀眾面前演一齣殺價的戲碼，讓觀眾明白這個優惠得來不易，是主持人費盡苦心才幫觀眾爭取到的，暗示觀眾要好好把握，這個優惠機不可失，失不再來，往後很難再以此優惠價格買到這項商品。成功避免拉低這項商品的價值，這位經理也可以避免身邊親朋好友拗他往後要以五折的超級優惠價格大量批貨，將此優惠價格推託為高層為了與電視台維持友好關係，不得不答應主持人請求的限制策略，自己並沒權限私下便宜賣給親朋好友，成功避免破壞關係傷感情。

翻轉劣勢的心理戰三

善用「厭惡損失」心理，反讓人自動雙手奉上！

我終於吃到期待已久的鐵板燒餐廳了。這家餐廳放在我的美食口袋名單好久，趁著平日商業午餐的優惠，特地跑來吃。

「奇怪，這家餐廳怎麼有一半是國中生？這家餐廳即便是商業午餐，一個人最少也要五百多元啊，現在的國中生好有錢啊！」坐在我旁邊的客人竊竊私語地跟旁邊的友人說。

我環顧店內，真的有許多青少年。甚至還有一些國小生。如果他們是被爸媽帶來的那也就算了，奇怪的是，他們是自己來的，這真是一個奇特的現象，我第一次看到高級餐廳有這麼多青少年跑來用餐，難道對台北的青少年來說，五百多元的餐點費很稀鬆平常嗎？我無法置信。

於是，我開始研究起這家店的經營模式，如何吸引這麼多青少年族群前來高級餐廳用餐，讓平日中午的冷門時段，店內卻座無虛席？

一開始我一直想不透，直到吃完鐵板燒，被領到甜點區坐著時，我看到桌面擺的廣告，才恍然大悟。原來這家店提供「買1萬元餐券，加贈2000元」的活動。我猜許多家長拿著加贈的禮券給孩子使用。「買1萬元餐券，加贈2000元」這短短一句話，創造這家店座無虛席的業績，然而，你可知道這幾句話不簡單，背後運用的是「厭惡損失」的心理學與經濟學原理，說服消費者迫不及待地雙手奉上金錢買單！

▲運用「厭惡損失」的心理，說服消費者急著把餐券買回去。

損失帶來的痛感大過獲得

你知道嗎？人們對「獲得」與「失去」的感受是不平等的！康納曼與特沃斯基提出「損失

規避理論」（Loss Aversion），**認為失去帶給人們的痛感，強過獲得的快樂感，且二者間的差距高達兩倍之多！**也就是說，失去一萬元的痛感，是獲得一萬元快樂感的兩倍！以此類推，對消費者而言，以相同程度的情緒衝擊來說，店家必須贈送兩萬元的禮券，才能抵銷消費者失去一萬元的痛。

對消費者來說，拿出辛苦賺取的金錢，是損失的最高級代表。店家要從消費者手中拿到錢可真不容易，得跟「厭惡損失」的天性抗爭。店家是如何破除此天性，讓消費者買單？

方法一 虛擬貨幣的無痛付出感

信用卡或手機支付的發明，可說是讓許多人破產的原因之一。當付現的時候，人們眼睜睜看著金錢的消失，體驗上會非常「有痛感」。但刷卡或手機支付，改變了人們的消費型態，當你付費的當下，錢包裡的金額並沒有減少，得等收到信用卡帳單，才會驚覺怎麼花了這麼多錢！懷疑是否被盜刷，最後發現自己真的就是花了這麼多錢。甚至有些人使用帳單自動轉帳的功能，讓人根本完全無感存款的消失，直到刷存款簿的當下，或收到銀行訊息通知時，才看到消失的金額。

「但這些只不過是一些數字罷了，我可是很理性消費的。」人們大多會如此自我安慰。「糟糕！原來我這個月買了這麼多東西，早知道就不要買這個了……」你也可能自我責備、反省。但過不了幾天，不，不到幾小時，你又開始看網路購物，一邊告訴自己再買下去要剁手了，一邊點擊滑鼠下標結帳。

信用卡與手機支付，讓人們**無法深刻意識到「損失」，卻放大了「獲得」**——因購買當下手裡拿著戰利品，卻讓人有不需要付出金錢的錯覺，直到一個月後的某天，這筆錢才神不知鬼不覺地從你的帳戶中被扣出，造成許多人永遠搞不清自己的財務狀況。

方法二　一次付清讓長痛不如短痛

為什麼店家要推出一次付一萬元買禮券？這是為了讓客戶體驗只要花一次的損失，但之後光顧店家，使用禮券時，客戶只會感受到「獲得」的快樂，甚至產生「這餐免費」的錯覺。這種方法叫做「總匯損失，切分得利」（aggregating losses，segregating gains），這種手法在商場上的使用十分常見，例如，手機的月租費，電信公司不會將簡訊費、通話費、網路費等分開收費，而是直接規畫出不同的套餐方案，讓人們選擇適合自己的套餐，避免感受到那麼多筆的小損失之痛，人們會覺得只付了一點錢，卻獲得許多有價值的服務。

旅行團也是一樣的例子。不知道你是否體驗過旅行團與自助旅遊的差異。比如說，前陣子我去峇里島旅遊，市面上旅行團的團費大多為四、五萬元，若我找到一個低於四萬元的旅行團，品質又還不錯，我會認為這趟旅程真是很划算，簡直賺到了！

但若我選擇自助旅遊，其實可以玩更多天、而且花的錢更少，只要花三萬多元，就可以住非常高級的五星飯店了！但因為是自助旅遊，我在整個旅途中無時無刻都在體驗花錢，像是去當地買行程要花錢、到每家飯店辦理入住要花錢、去看表演要花錢、吃三餐也要花錢、甚至搭計程車的錢更要小心不要被黑。總的來說，我花錢的總額是低於跟團的，但在心理上的感受，我卻在整趟旅程中一再體驗到金錢的「流失」，反之，參加旅行團，出發前我早已把團費付清，導致整趟旅程中的每家住宿、每份餐點、每個按摩服務、每場表演，都有一種免費獲得的錯覺。

方法三 視覺上降低損失，放大獲得

不知道各位有沒有看出商家設計這句「買1萬元餐券，加贈2000元」背後用心之處？店家除了將消費者的心理感受焦點聚焦在「加贈2000」的獲得感，降低花錢的損失外，體會看看以下這兩句話帶給你的差異：

- A「買1**萬元**餐券，加贈2000**元**。」
- B「買10000元餐券，加贈**兩千元**。」

B將「一萬元」用數字「10000元」的方式呈現，明顯讓人感覺到要付出尾數許多零，才可以獲得「兩千元」。直覺認為不划算。但A卻將「10000元」用「1萬元」來呈現，讓人感覺只要付出數字中最小的數值「1」，就可以獲得「2000元」（有注意到店家刻意不用「兩千」呈現嗎？增進消費者心理上的獲得感），店家很用心地讓消費者在視覺上，降低損失感，增進獲得感！

方法四 「預先支付」讓人變寬容

現在許多商品，都是使用「預先支付」的形式，消費者雖在支付當下意識到損失，但等到幾個星期甚至幾個月後，才去店家吃飯，體驗師傅料理的廚藝。這麼做的好處是，當人「付費」的時間點跟「體驗」的時間點相隔越久，在體驗當下越會感到快樂、寬容，比較不會因為深刻意識到「損失」，在體驗當下每一刻都以非常嚴苛的態度來評估這錢花的是否值得，根據研究，預先支付的模式，讓消費者對於店家的評價顯著提高。

「虛擬所有權感」讓人付出行動

水能載舟，亦能覆舟。厭惡損失的心理，讓人很難掏出錢來買單，相反地，我們同樣能讓想說服的對象，利用「虛擬所有權」，對商品產生「擁有感」，願意付出高於市場平均的價格買下產品。

有一天我跟朋友走在街上，遇到一個超級銷售員，把「虛擬所有權」發揮得淋漓盡致。這位超級銷售員賣的是刮鬍刀。想當然爾，銷售員使出「限時與限量」的手法，讓消費者產生一種「這特惠很難得，錯過不再有，要趕緊入手」的緊張感，開啟「情緒腦」思考模式，直覺地認為「先買了再說，後悔是之後的事」。

「限時與限量」手法已經行之有年了，打開購物台每個頻道都在使用這樣的手法。這位銷售員之所以被我稱為「超級」銷售員，是因為她還多使用了「虛擬所有權」法，這位超級銷售員，從她的袋子中，拿出包裝精美的刮鬍刀，在講解產品特色的時候，**硬是塞在潛在消費者的手上，讓消費者拿著刮鬍刀聽她講解**。這個動作讓消費者產生一種「擁有」拿在手上的刮鬍刀的錯覺感，如果不買，就得將刮鬍刀還給銷售員，原本可望擁有的刮鬍刀，硬生生地「失去」了。為了避免失去，人們增進購買的意願。

讓人想像已擁有這個商品

另外，根據研究，人們對於自己「持有」的物品，傾向於高估價值。俄亥俄州立大學和伊利諾州立大學的研究人員做了一項實驗，發現人們只要在手上拿著一個馬克杯超過三十秒，這些人願意購買這只馬克杯的價格，高於那些拿了不到十秒或完全沒拿過的人願意支付的價格。這方法也同樣應用於網路「0元起標」的拍賣中，「0元起標」讓人對於沒太大興趣的商品也願意多停留、多看一眼，覺得好像買到賺到，不買可惜，一旦參與競標，出價者開始想像自己是這件物品的主人，甚至開始想像如何使用這件物品。在想像的過程中，出價者已經不知不覺在腦海中「擁有」這項商品，虛擬所有權讓出價者開始不想放棄實際擁有的可能，即便一開始出價者根本沒有很在意要買到這項商品。甚至隨著競標時間的拉長，出價者虛擬所有權會越高、不但對商品開始產生「執著感」，甚至願意支付高於市場平均的價格將商品買下。

用於愛情上，將心儀對象手到擒來！

「虛擬所有權」與「厭惡損失」這兩個雙胞胎兄弟，除了可以用來說服對方掏錢給你之外，也能用於愛情上，將心儀對象手到擒來！例如，以下這樣的例子：

威廉是大家公認的「勾魂大師」。他長相普通、身材普通、工作也普通，但他總能把女人搞得心癢癢。他一貫的招數就是先跟心儀對象從朋友做起，當個暖男，時常跟對方聊天、吃飯，簡單來說，他只做一件事情：「讓對方習慣生活裡有他」。

接著，當他想要進一步發展時，他不是告白，而是搞失蹤。他開始不再主動邀約對方出門、也不再回對方訊息，有時候他也會很想念對方、想跟對方聯繫，但他會忍住。威廉甚至會故意在IG上放跟其他女生的合照，讓心儀對象胡思亂想，擔心威廉是不是要被其他女生搶走了。

「威廉是我的！我才不會讓他被搶走！」女人心想著。威廉成功善用「虛擬所有權」，讓心儀女人擔心損失威廉這位潛在對象，即便身邊有其他追求者，女人對威廉也沒特別喜歡，但為了避免損失，女人不是倒追威廉，就是一口答應威廉的告白，願意跟威廉交往。

你的溝通必須更有心機 / 陳雪如著 . -- 初版 .
臺北市：時報文化 ,2019.12
296 面；14.8x21 公分 . --
ISBN 978-957-13-8044-5（平裝）

1. 溝通 2. 談判 3. 人際關係
177.1 108019882

CFE0383

你的溝通
必須更有心機

時報文化出版公司成立於1975年，
並於1999年股票上櫃公開發行，
於2008年脫離中時集團非屬旺中，
以「尊重智慧與創意的文化事業」
為信念。

作者 陳雪如
責任編輯 李莉安
封面設計 小草
董事長 趙政岷
出版者 時報文化出版企業股份有限公司
108019 台北市和平西路三段二四〇號
發行專線 (02)23066842
讀者服務專線 0800231705
(02)23047103
讀者服務傳真 (02)23046858
郵撥 一九三四四七二四時報文化出版公司
信箱 10899 臺北華江橋郵局第 99 信箱
時報悅讀網 http://www.readingtimes.com.tw
法律顧問 理律法律事務所 陳長文律師、李念祖律師
印刷 勁達印刷有限公司
初版一刷 二〇一九年十二月六日
初版十二刷 二〇二四年四月二十二日
定價 新台幣 360 元

ISBN 978-957-13-8044-5
Printed in Taiwan